Hannelore Kairat

Joachim John

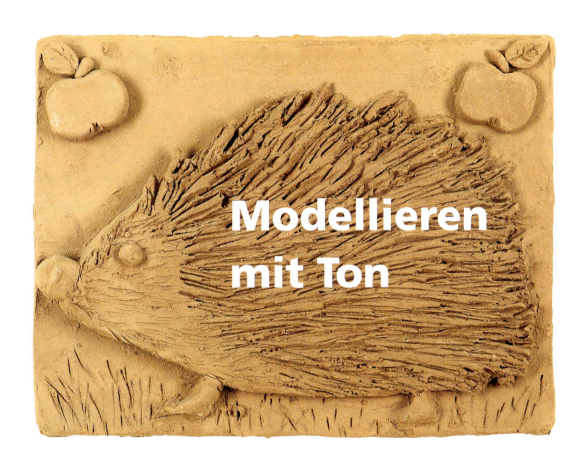

Modellieren mit Ton

D1698805

Ernst Klett Grundschulverlag

Leipzig Stuttgart Düsseldorf

Herausgeberin: Gisela Hein, Hannover

Illustrationen von Werner Ruhner (†), Leipzig

Wir danken Herrn Falk Biegholdt, Diplomkeramiker, für seine freundliche Unterstützung und seinen fachlichen Rat.

Gedruckt auf Papier aus chlorfrei gebleichtem Zellstoff, säurefrei.

1. Auflage A 1 5 4 3 2 1 / 04 03 02 2001 2000

Redaktion: Gundula Steinert, Sigrid Voigt
Layout und Herstellung: Marion Krahmer
Umschlag: Torsten Lemme unter Verwendung einer von Katrin Taubert (Kl.3) hergestellten Tonfigur
Repro: a bis z - Publishing, Leipzig
Druck: APPL, Wemding
ISBN: 3-12-302203-X

Abbildungs- und Fotonachweis:

S.1, 24, 26 l.o., 33 l.o., 35, 36 l.o., 37, 38 l.o., l.u., 39, 40 l.o., l.u., 43 r.u., 44 r.o., 45, 46, 47 l.o., l.m., 48, 50, 51, 54 r.m., 55 r.u., 58, 59: Fotos: Foto Geuther, Rötha.
S. 8, 14 r., 22: Fotos: AKG Photo, Berlin.
S. 9 o.l.: Antikenmuseum Leipzig, Foto: P. Franke, Punctum.
S. 9 l.u.: Aus: Rudolf Pförtner. Alte Kulturen ans Licht gebracht. ECON Verlag, Düsseldorf, Wien 1975, S.105. Zeichnung: Werner Ruhner, Leipzig.
S. 9 u.r.: Antikenmuseum Leipzig, Foto: Rolf Kairat, Holzhausen.
S.10, 11, 12, 12 l.o., l.u., 23, 31, 38 r.: Zeichnungen: Werner Ruhner, Leipzig.
S.12 r.u.: Foto: Henri Stierlin.
S.13 l.: Aus: Jost Amman. Das Ständebuch. Inselbücherei 133. Insel Verlag, Frankfurt am Main und Leipzig 1989.
S.13 r.: © Deutsche Stiftung Denkmalschutz/ Foto: M. L. Preiss, Bad Honnef.
S.14 l.: Archiv Gerstenberg, An den Kellerwiesen 6, 29323 Wietze.
S.15: Archiv LAPIS im Weise-Verlag München.
S.19, 25, 26 l.u.,r.: © Zu beziehen bei Technik-LPE GmbH, Postfach 1121, 69402 Eberbach.
S. 21: Bildarchiv Preussischer Kulturbesitz, Berlin. Foto: Ute Franz.
S. 22: Photo: Erich Lessing. AKG Photo, Berlin.
S. 29: Foto: Sandra Wehenkel, Leipzig.
S. 30, 32: Fotos: Gisela Hein, Hannover.
S. 33 l.u., 47 r.o.: Fotos: Rolf Kairat, Holzhausen.
43 o., 55 o., 60: Fotos: Michael Nitzschke, Leipzig.
S. 34, 36 l.u., 40 l.m., 41 l., 41 r.o., r.m., 42, 43 l.m., 49, 53 l.u., 53 r.u., 54 l.o., l.m., 56, 57: Fotos: Falk Biegholdt, Leipzig.
S. 44 l.: Entwurf auf Papyrus: Philipp Drescher (Kl. 4).
S. 64: Fotos: Günter Kälberer, Metzingen.

Zeichenerklärung:

 Was zu beachten ist:

 Zusätzliche Arbeitsmittel:

 Ergebnis:

Inhalt

Vorwort

Mit der vorliegenden Werkbuchreihe soll ein Werkunterricht angeregt und unterstützt werden, der dem Kind im Grundschulalter gilt. Die Autoren haben sich darauf verständigt, den Begriff des Werkens weit zu fassen und die Ziele einer ästhetischen Erziehung wie einer technischen Bildung nicht als gegensätzlich, sondern als integral zu begreifen. Ihr Anliegen ist es, zu einer Sichtweise zu ermutigen, welche die in den Lehrplänen der Bundesländer eher auf Trennung zielende Organisation von gestaltendem und technischem Werken zu überwinden vermag.

Die Lehrpläne sehen für das Werken in den ersten vier bis sechs Schuljahren sowohl Aufgaben einer ästhetischen Erziehung vor als auch die Schaffung von Grundlagen für den Technikunterricht der Sekundarstufe. Die fachliche Zuordnung wird aber nicht einheitlich gehandhabt. Neben dem Werken, das beide Aufgaben einschließt, gibt es das selbstständige Fach Technik. Einige Länder haben die Inhalte des technischen Werkens in den Sachunterricht integriert, andere wiederum das gestaltende Werken in den Kunstunterricht. Einigkeit fehlt auch in der Zuordnung des Textilunterrichts, der in einigen Lehrplänen als ein Lernbereich des Werkens ausgewiesen ist, mehrheitlich aber ein eigenständiges Fach bleibt. Daneben gibt es die Zusammenlegung der Fächer Werken und Textilarbeit (in Bayern) wie der Fächer Kunst, Textilarbeit und Werken (in Rheinland-Pfalz) zu einem Fach. Sie hat das Ziel, über die Organisationseinheit inhaltliche und pädagogische Beziehungen der Fächer, unter Wahrung ihrer spezifischen Aufgaben, enger zu knüpfen.

Die länderspezifischen Auslegungen des Werkens sind Ausdruck unterschiedlicher Zielvorstellungen, deren Extreme dort liegen, wo einerseits Werken als musisches Fach verstanden wird, andererseits an seine Stelle Technik getreten ist. Sie sind in einigen Ländern aber auch die Konsequenz aus schulischen Erfahrungen, in deren Folge Lehrplanrevisionen dem gestalterischen Werken in der Grundschule wieder mehr Gewicht verliehen, aus der Einsicht, dass Kinder es brauchen. Dieser pädagogische Aspekt ist für die Entwicklung der sechs Bände ein maßgebliches Kriterium gewesen. Er berücksichtigt den ganzheitlichen Anspruch des Werkens, der besagt, dass Werken sowohl kognitive als auch emotionale Dimensionen umfasst, die im Grundschulalter wesentlich aus der Handlung, insbesondere ihrer ästhetischen Praxis erwachsen.

Zur Konzeption der Werkbuchreihe

Zielkonzeption Die Bände sind für die Vorbereitung von Unterricht gedacht, zum Nachschlagen sachlicher Zusammenhänge und zur Klärung von Begriffen. Sie enthalten erprobte Unterrichtsbeispiele. Zugleich wollen sie mit Gestaltungs- und Konstruktionslösungen zur Entwicklung eigener Unterrichtsvorstellungen anregen.

Die Arbeit mit den Bänden soll in den Stand setzen, bei Kindern Interessen zu wecken am eigenhändigen Konstruieren und Gestalten, an allem, was uns an Gebautem, Geformtem und Konstruiertem umgibt und unser Leben – positiv wie negativ – prägt.

Kinder gewinnen Interessen zudem durch erlebbaren und sichtbaren Erfolg. Im Werkunterricht gründet er sich auf die zu entwickelnde Handgeschicklichkeit, auf die Sensibilisierung der Sinne, auf kreativen Freiraum und – damit einhergehend – auf die Bildung von Maßstäben für Gebrauch und Wirkung von Materialien und Dingen und für eine den Zwecken entsprechende Formgebung oder Konstruktion. Die Problemhaltigkeit unserer Welt wie das Bedürfnis nach ästhetischer Orientierung verlangen nach Maßstäben. Die Bücher begegnen den daraus erwachsenden Fragen, indem sie zur Kreativität mit Aufgaben ermutigen, die bewusstes Wahrnehmen verlangen, zum Finden von Problemlösungen herausfordern und Urteilsfähigkeit anbahnen.

Werkarbeit nutzt die Spontaneität des Kindes; es muss aber zugleich lernen, seine Arbeit zu planen und sich in Gruppen- und Partnerarbeit zu fügen. Das geschieht im Werkunterricht in der Regel ganz selbstverständlich aus den Erfordernissen der Arbeit selbst und beginnt mit der gegenseitigen Hilfe. Das Lernen sozialen Verhaltens ist ein wichtiger Aspekt der hier aufgenommenen Unterrichtsbeispiele.

Inhaltliche Konzeption Sie berücksichtigt die in den Grundschul-Lehrplänen der Bundesländer vertretenen Inhalte des Werkens, der Technik und des

Textilunterrichts/Textilen Gestaltens, unabhängig davon, ob die Fachinhalte von einem selbstständigen Fach, von einem Lernbereich oder in einer Fächergruppe vertreten werden. Trotz ihrer in den Plänen unterschiedlichen Verteilung und Gewichtung lassen sich die Inhalte auf drei Gegenstandsbereiche beziehen: auf „Bau und Raum", „Gebrauchs- und Spielgegenstände" und „Maschinen, Mechanismen, Fahrzeuge". Die Aufgabenbeispiele der Werkbücher berücksichtigen diese Bereiche; ausdrücklich geschieht das in dem Band „Bauen, Konstruieren, Montieren". Auf einer weiteren Ebene bestimmt ein Werkstoffkanon relativ einheitlich die Lehrplaninhalte. Das kommt in den Buchtiteln zum Ausdruck.

Ton, Papier und textile Materialien sind übereinstimmend die in den ersten Schuljahren bevorzugten Werkstoffe. Das hat seinen Grund; die Bearbeitung von Holz und Metall verlangt – mit Ausnahmen – Kräfte, die Kindern noch fehlen. Ihr Einsatz im Bereich der Formgebung hat daher in weit größerem Maße Grenzen, als dies für die ersteren Materialien gilt. Eingeschränkt bleibt auch die Arbeit mit Kunststoff. Und wo es darum geht, technische Zusammenhänge zu klären, kommen zunächst, neben Abfallmaterialien wie Styropor, überwiegend Papierwerkstoffe zum Einsatz.

Vier Bände folgen den Werkstoffvorgaben der Lehrpläne. Das hat weitere Gründe. Wenn man Kinder zu einem Verständnis für funktionale Zusammenhänge mit ihren praktischen wie ästhetischen Aspekten führen will, müssen die sinnlich erlebbaren Werkstoffe mit ihren Strukturen und Texturen ins Spiel kommen.

Der Werkstoff wirkt als Korrektiv bei der Bildung funktionaler Vorstellungen. Das schließt nicht aus, dass auch der umgekehrte Weg seine Berechtigung hat, von einer gegebenen Funktion her nach Form oder Konstruktion und den zu beteiligenden Werkstoffen zu fragen. Technische Aufgaben sind eher in diese Richtung gepolt. Sie setzen kognitiv an. Zu ihrer Lösung sind Kinder jedoch auf Wahrnehmungserfahrungen angewiesen. Werken in den ersten Grundschuljahren muss darum nicht nur vorhandene Erfahrungen bewusst machen, sondern auch und vor allem diese Basis der Erfahrungen erweitern und vertiefen. Die Werkstofforientierung vor allem in den beiden ersten Schuljahren mag die Bindung der Werkarbeit an übergeordnete Ziele und an Lebensbezüge des Kindes manchmal verdecken. Die Arbeitsvorschläge werden aber ausdrücklich dort in soziale und ökologische Zusammenhänge eingebunden, wo sie sich den Kindern einleuchtend erschließen lassen.

Größere Werkvorhaben und Projekte verlassen häufig die einspurige Orientierung an einem Werkstoff zu Gunsten übergeordneter Ziele und sind darum in einem eigenen Band zusammengetragen.

Methodische Konzeption Die Aufgaben sind problemorientiert und experimentell angelegt. Sie zielen auf grundlegende gestalterische und technische Einsichten. Die Probleme ergeben sich aus dem freien wie gebundenen Umgang mit Werkstoffen und Werkzeugen, aus den Beziehungen zwischen Material, Form und Funktion und aus der einzulösenden Funktionstüchtigkeit eines Gegenstandes. Die Hand soll mit ihren Fähigkeiten wie mit ihren Grenzen als ein erstes Werkzeug erfahren werden. So wird spürbar, was der Werkstoff erlaubt, und elementare technische wie ästhetische Prozesse werden direkt begreifbar. Die elementare Herangehensweise hat einen spielerischen Zug; sie ist auf Untersuchung einfacher Gesetzmäßigkeiten hin angelegt. Sie soll Neugier wecken. Spielerisch heranzugehen, Regeln aufzufinden und sich ihnen zuzuordnen, entspricht dem kindlichen Lernverhalten.

Die Werkaufgaben folgen einander in der Regel in kleinen Schritten, die auf den vorangegangenen Erfahrungen aufbauen. Ziel ist nicht die vollständige Ausbildung in einzelnen Techniken. Vielmehr wird vom Kind das verlangt, was ihm gemäß ist. Es soll sich einen Gegenstand aneignen können. Im Prozess von Problemlösung, Konstruktion und Gestaltung gelangt es zu innerer Sicherheit. Aus ihr heraus finden Kinder den Mut, kreativ zu werden, kritisch zu fragen und befremdende Aussagen und ungewöhnliche Formgebung zu tolerieren und zu akzeptieren.

Die Herausgeberin

Einführung

Anliegen des Lernbereiches

Grundschule heute versucht, Kindern das Lernen in Sinn- und Sachzusammenhängen zu vermitteln, Kopf, Herz und Hand gleichermaßen einzubeziehen beim Erwerb allgemeiner Grundkenntnisse und Grundfertigkeiten. Die ursprüngliche Freude der Kinder am praktischen Tun wird besonders dort genutzt, wo das Entdecken, Erforschen, Erkennen und Begreifen von Sachverhalten im Mittelpunkt stehen. Wenn wir mit dem Werkstoff Ton arbeiten, beziehen wir das Bedürfnis des Kindes nach ausdrucksmäßigem Gestalten mit ein.

Unterricht erzieht und bildet zugleich. Damit fordert und fördert er das Grundschulkind gleichermaßen. Es lernt Probleme zu erkennen und nach möglichen Lösungen zu suchen. An diesem Prozess sind mittelbar seine Erfahrungen und seine Erlebnisse beteiligt, unmittelbar seine Sinne. Ihre Koordinierung muss ein Anliegen des Unterrichts sein. Am Ende solchen ganzheitlichen Unterrichts steht nicht nur ein Gewinn an Erkenntnissen und Fertigkeiten, sondern auch eine gesteigerte Intensität der kindlichen Wahrnehmung, was auch gesteigerte Aufmerksamkeit bedeutet. Wege dazu wollen wir an praktischen Beispielen aufzuzeigen versuchen.

Modellieren regt Kinder zu aktivem Beobachten an und fördert ihre Ausdrucksfähigkeiten. Die Konzentrierung auf die Sinne führt zugleich zu innerer Konzentration. Und darin liegt ein therapeutisches Moment. Mit der Freude am Experimentieren und Improvisieren erobert sich das Kind die Wirklichkeit. Bei seiner oft innigen Beschäftigung mit dem formbaren Material „Ton" eignet es sich den Werkstoff Stück für Stück als einen Teil seines Erfahrungs- und Erlebnisschatzes an. Über seine Lust am Formen mit dem bildsamen Material soll dem Kind ein Zugang zum Material, zu werkstoffgemäßer Form und Dekorbildung vermittelt werden. Damit wird ihm zugleich eine Brücke zu seiner Umwelt gebaut. Eigenschaften wie Ordnungssinn, Sorgfalt und Ausdauer sind für das Gelingen erforderlich, wie auch partnerschaftliche Hilfe und Toleranz gegenüber scheinbar weniger gelungener Arbeit, das Einüben sozialer Formen also. Das Modellieren kann gleichermaßen entspannende Freizeitbeschäftigung sein als auch die Möglichkeit bieten, eigene Kreativität und Fantasie zu befördern und auszudrücken. Damit ist es geeignet, dem passiven Konsumverhalten zu widerstehen und mehr auf die eigenen gestalterischen Kräfte zu vertrauen (siehe Vorwort Seite 5 und 6).

Eine gute Organisation des Unterrichtsverlaufes ist eine Vorbedingung für das Gelingen der Arbeit und die nicht nachlassende Freude des Kindes beim Umgang mit Ton. Neben didaktisch-methodischen Empfehlungen zur Unterrichtsgestaltung erhält der Leser an praktischen Arbeitsbeispielen Sachinformationen zu:
– Material,
– Werkzeugen,
– grundlegenden Fertigungsverfahren,
– Gestaltungsmöglichkeiten.

Anliegen des Bandes ist, den Grund für ein Materialverständnis zu legen, mit elementaren Herangehensweisen an den Werkstoff vertraut zu machen und seine Umsetzung bei der Arbeit mit Kindern zu unterstützen. Seine Arbeitsbeispiele sollen erkennen helfen, was in der Grundschule möglich und machbar ist. So soll der interessierte Leser verstehen lernen, dass zu einer allmählichen Differenzierung der einfachen Formen auch ein langsames Gewöhnen an Arbeitstechniken gehört, die nach und nach an Beispielen demonstriert, erprobt und geübt werden. Deshalb basieren die vorgestellten mannigfachen Beispiele bewusst auf einfachsten Formen. Die Hände sind das wichtigste Werkzeug. Nur durch den unmittelbar praktischen Umgang mit dem Werkstoff Ton gelingt dem Kind die Sensibilisierung des Tastsinnes. Zur Schulung der Feinmotorik als Hand- und Fingerübung ist das Formen der Kugel stets Ausgangsübung und der erste Arbeitsvorgang überhaupt. Durch Rollen, Klopfen und Drücken entwickelt sich dann eine Grundform (Kugel, Kegel, Walze, Scheibe) aus der anderen. Dabei sind die Formveränderungen stets unmittelbar erfahrbar.

Die Möglichkeit zu Projekten bzw. fächerübergreifenden Vorhaben zu kommen kann im Rahmen dieses Bandes nur angedeutet werden, wenngleich ihre pädagogische Bedeutung für ein Grundschulwerken außer Frage steht. Aufgrund der unterschiedlichen

Lehrpläne in Deutschland haben wir davon abgesehen, unsere Unterrichtsvorschläge an bestimmte Klassenstufen zu binden. So lassen sich eigene, an den jeweiligen Lehrplänen ausgerichtete Schwerpunkte setzen. Damit die Aufgaben auch unabhängig von unmittelbar vorangehenden Beispielen erarbeitet werden können, sind sie ausführlich dargestellt.

Das vorliegende Buch soll auch Lehrerinnen und Lehrer zu eigenen Ideen und kreativen Erkundungen anregen, gleichzeitig Freude vermitteln, wenn über die Anregungen dieses Bandes hinaus Neues gelingt.

Ton als Verwitterungsprodukt

Ton, der Werkstoff des Töpfers, ist ein Verwitterungsprodukt feldspathaltiger Sediment- und Eruptionsgesteine (wie Granit, Basalt, Porphyr). Die Verwitterung verlief auf drei Ebenen:
– mechanisch durch starke Temperaturwechsel;
– chemisch durch Oxidationsvorgänge (Einwirkung von Humussäuren, Laugen und Gasen);
– organisch durch Fäulnis- und Zersetzungsprozesse (Bakterien und Pilze).

In Mitteleuropa unterlagen im Kreidezeitalter bis in das Tertiär die feldspathaltigen Gesteine infolge des feuchtwarmen Klimas einer tiefgründigen Verwitterung. Zersatzschichten aus Kaolin bis zu einer Mächtigkeit von 80 m entstanden. Die heutigen Vorkommen stellen die Reste einer ehemals weiträumigen Kaolindecke dar. Kaoline und Tone sind vorwiegend im Tertiär entstanden, d. h. vor etwa 25 bis 70 Millionen Jahren. Seit dieser Zeit hat sich die Erdoberfläche sehr häufig und zum Teil sehr gegensätzlich verändert. Über lange Zeit wirkende Naturkräfte wie Wind, Wasser, Frost führten zu Veränderungen, in deren Folge durch Verwitterung bildsame Rohstoffe, wie Tonminerale, entstanden.

Wir unterscheiden zwischen Rohkaolin, einem noch am Ort der Entstehung liegenden, natürlichen, weißen Zersetzungsprodukt, und Ton. Die leichten, tonigen Bestandteile wurden durch Wind und Wasser vertragen. In ruhigen Gewässern sanken die Tonteilchen zu Boden und bildeten Schwemmschichten. Gegenüber dem Kaolin weist Ton einen hohen Gehalt von Verunreinigungen auf. Organische Begleitstoffe und färbende Metalloxide sind Beimengungen, die während des Transportes aufgenommen wurden. Lehm z. B. ist ein durch Sand, Eisen und Kalk stark verunreinigter Ton. Die Hauptbestandteile des Tons sind Tonerde (ein Aluminiumoxid), Kieselsäure (Verbindung von Silizium mit Sauerstoff und Wasserstoff) und Wasser. Ton ist ein Werkstoff mit vielen Eigenschaften, eine der wichtigsten ist wohl seine Bildsamkeit (Plastizität). Die Verformbarkeit von Ton ist im Wesentlichen vom Wassergehalt (der Anmachwassermenge) abhängig. Auch laufende Fäulnisprozesse im Tongemenge haben Einfluss auf seine Plastizität.

Vom Ton zur Keramik

Weitgehend unabhängig voneinander haben sich die Völker dieser Erde die Eigenschaften des Tones für ihre Bedürfnisse bereits in prähistorischer Zeit nutzbar gemacht. Ton stand und steht noch heute auf der ganzen Erde fast unbegrenzt zur Verfügung. In Verbindung mit Wasser wird Ton zu einer formbaren Masse, die bei Temperaturen über 600 °C formbeständig und wasserfest versintert. Einmal gebrannt, gehört Ton zu den beständigsten Materialien.

So sind uns unzählige Zeugnisse vergangener Kulturen erhalten geblieben. Sie berichten uns, soweit wir sie lesen können, über das Leben der Vergangenheit und über die materielle und geistige Welt derjenigen, die Tonprodukte herstellten. Sie sind dauerhafte Zeugnisse menschlichen Schaffens. Die Geschichte der Keramik zeigt keine lineare Entwicklung. Über die gesamte Erde sind eigenständige Kulturfor-

Tongefäß der mitteleuropäischen Bandkeramiker aus dem 6. Jahrtausend v. Chr. (Spiralverzierter Becher)

Rotfiguriger Kelchkrater

nen (als Grabbeigaben, beim Schädelkult oder als Symbol für die Große Mutter). Mit dem Sesshaftwerden verwendeten die Menschen den Ton zur Herstellung von Vorratsgefäßen, Kochgeschirren, Kannen, Schüsseln und Schalen. Die Flechtwände ihrer Langhäuser wurden mit Tonerde verputzt. Wänden aus Stampflehm folgte der luftgetrocknete Lehmziegel. Seit dem Ende des 4. Jahrtausends wurde der gebrannte Ziegel im Zweistromland von den Sumerern genutzt. Durch die Nutzbarmachung des Feuers war es möglich geworden, Gefäße dauerhaft haltbar zu machen. Funde belegen, dass bereits in der Jungsteinzeit Gefäße und andere Gebrauchsgegenstände geformt und gebrannt wurden. Sie wiesen Dekorspuren auf, die in den feuchten Ton gedrückt oder geritzt wurden.

Die alten Hochkulturen beherrschten das Formen prachtvoller Gefäße. Auch das Färben mit Engobe war zu dieser Zeit bekannt. Besonders die griechischen Töpfer verstanden es, ihre formschöne Keramik meisterlich mit schwarz- und später rotfigurigem Dekor zu gestalten. Der Begriff Keramik hat seine Wurzel im griechischen Wort kéramos, das vermutlich „Töpfererde, Ziegel, Tongefäß" bedeutet.

In der frühen Zeit um rund 3.000 v. u. Z. erhielt der Ton noch eine weitere Funktion, er wurde Schriftträger und Informationsmedium. Im Gebiet von Euphrat und Tigris entwickelten die Sumerer aus einfachen Bildzeichen die Keilschrift, die sie mit spitz zulaufendem Griffel in die Tontafeln drückten. Aus der Begegnung von Bambus und Ton entstand das charak-

men verteilt, mit je zeitlich unterschiedlichen Anfängen, Höhepunkten und möglichen Niedergängen. Hier lassen sich nur wenige und eher allgemeine Hinweise auf Zusammenhänge bringen, die im Rahmen dieses Werkbuches interessieren könnten.

Vor der Sesshaftwerdung des Menschen besaßen tönerne Gegenstände vorwiegend rituelle Funktio-

Figur mit ritueller Funktion „Venus von Sarab"

Schwarzfiguriger Stangenhenkelkrater, 590 vor Christus

Ägyptische Töpferscheibe mit Fußantrieb: Gott Chnum erschuf der Sage nach den ersten Menschen aus Lehm.

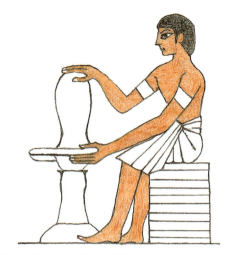

Ägyptische Töpferscheibe mit Handantrieb

terische Zeichen des Keils. Ähnlich mögen die auf Gefäßen zu findenden Ornamente wie Zickzacklinien, Spiralen, Kreuze u. a. entwickelt worden sein. Der vermutete steinzeitliche Symbolgehalt konnte bislang nicht schlüssig bewiesen werden. Ebenso mag das Ornament einem Verlangen nach ästhetischer Ordnung zu verdanken sein.

Die Nutzung des Tones ist mit technischen Entwicklungen eng verbunden. Der Brennofen gehört dazu und die Töpferscheibe. Um 3.500 v. Chr. wurden in höher entwickelten landwirtschaftlichen Gesellschaften keramische Gegenstände auf Töpferscheiben hergestellt. Diese Technik gelangte etwa im 1.Jh. v. Chr. nach Mitteleuropa. Das einfache, aber unschätzbare Hilfsmittel des Töpfers fasziniert uns heute noch, wenn mit Meisterschaft das Drehen des Tones beherrscht wird.

Bis in die Gegenwart gab es eine stetige technologische Entwicklung. Heute im Zeitalter von Wissenschaft und Technik werden durch neue Technologien immer vielfältigere Anwendungen von keramischen Erzeugnissen gefunden. Hochwertige, feinste Porzellanfilter nutzt die chemische Industrie.

Moderne Verbrennungsmotoren sind ohne keramische Teile undenkbar, auch in der Weltraumtechnik haben keramische Teile Einzug gehalten. Das silberweiße Leichtmetall Aluminium, das man aus Tonerde gewinnt, ist als Verpackungs- und Isolationsmaterial ein wichtiges Produkt aller modernen Industrien.

Aus der Geschichte der Keramik

Überall, wo wir heute auf Spuren menschlicher Kulturen stoßen, liegen neben Stein- und Knochenfunden vor allem Keramiken vor. Der verhältnismäßig bedeutenden Widerstandsfähigkeit gebrannter Tone gegen zersetzende oder zerstörende Einflüsse ist es zu verdanken, dass die vorgeschichtliche Keramik damit eines der wichtigsten Mittel zur zeitlichen und räumlichen Bestimmung frühgeschichtlicher Kulturperioden bietet. (Beispiel „Bandkeramiker", 4500 v. Chr. und „Trichterbecherkultur und Schnurkeramiker", 2500 v. Chr.). Die jeweilige Handhabung des Tones ist ein Charakteristikum der kulturellen Entwicklung, der Herstellungstechniken sowie der Bedeutung und Verwendung von Keramik.

Gottfried August Semper, Dresdens berühmter Architekt und Kunstwissenschaftler, untermauert dies: „Man zeige die Töpfe, die ein Volk hervorbrachte, und es lässt sich im Allgemeinen sagen, welcher Art es war und auf welcher Stufe der Bildung es sich befand."

Das Streben der Menschen der Urgesellschaft war zunächst darauf gerichtet, der Natur das zum Leben Notwendige abzuringen. Die Geburt, das Leben und der Tod waren in ihren religiösen Vorstellungen abhängig von übernatürlicher Macht. Der magische Zweck des Jagd- und Fruchtbarkeitszaubers war der eigentliche Antrieb, sich die Wirklichkeit durch ihr Abbild zu erobern. Darstellungen, wie das Lehmrelief in einer Höhle aus dem heutigen Frankreich, Funde von Tonplastiken aus dem türkischen Çatal Huyuk oder der mit Ton überformte und bemalte Schädel aus Jericho lassen uns darauf schließen. Mit diesen Funden wird deutlich, dass in entwicklungsgeschichtlich sehr früher Zeit (Paläolithikum) bereits Arbeitserfahrungen mit formbaren Erden und deren Veränderung im zunächst noch offenen Feuer gesammelt wurden.

Aber erst mit dem Übergang vom Jagen und Sammeln zu Ackerbau und Viehhaltung gewann der Werkstoff Ton entscheidend an Bedeutung für den Menschen. Wurde bisher z.B. Fleisch am offenen Feuer zubereitet oder mit heißen Steinen, die man in wassergefüllte Behälter warf, gekocht, so versagten diese Techniken bei der Zubereitung von Körnerspeisen aus dem Getreideanbau. Abhilfe schaffte man zunächst mit Gefäßen aus Stein, bevor das keramische Gefäß zur Zubereitung und Konservierung von Nahrungsmitteln seinen Siegeszug antrat. Man benötigte folglich Vorratsgefäße, Kochbehältnisse, Kannen, Schüsseln und Schalen. Die ersten Tonerzeugnisse wurden anfangs nur mit der Hand, durch Aufbauen aus Wülsten, durch Ein- und Überformen sowie durch Treiben geformt. Sie orientierten sich in der Form zunächst an Gefäßen aus Korbgeflecht, Stein und Holz oder an ledernen Behältern. Sie waren wenig gegliedert und zeigten Muster, die durch das Eindrücken von Fingernägeln, Muschelschalen oder pflanzlichem Material entstanden. Anfangs setzte man die luftgetrockneten Behältnisse dem Feuer auf ebener Erde, in Gruben oder in einer Art von Meilern nach vorherigem Eindecken mit Ästen, Gras und getrocknetem Dung aus. Der so gebrannte Scherben wies jedoch nur eine geringe Festigkeit auf, da die erforderliche Brenntemperatur zum Verdichten des Formlings noch nicht erreicht wurde.

Die Entwicklung des Brennofens, bei dem Feuerstelle und Brennraum durch eine Gitterwand von Ziegeln getrennt sind, ermöglichte höhere Temperaturen und führte bald auch zur Regulierung der Sauerstoffzufuhr. Dies gestattete nun Reduktions- und Oxidationsbrände.

Aufbauen aus Wülsten

Erdbrennofen der Jungsteinzeit. So wird z. B. in Mittelamerika noch heute gebrannt.

Mittel der Tonformerei vor. Auch Homer besingt diese Erfindung in seiner Iliade. Mit der Töpferscheibe wurde es möglich, Gefäße axialsymmetrisch zu formen.

Die sich im 2. Jahrtausend entfaltende Glas-, Glasur- und Farbenproduktion bereicherte das Töpferhandwerk durch Glasuren und die Fritte. Das im Feuer gefestigte Tongefäß wurde in einem weiteren Brand mit einer Glasur überzogen. Zu hoher Vollkommenheit entwickelten die Assyrer, nach ihnen die Babylonier und Perser, aber auch die Ägypter dieses Verfahren. Das Überziehen des geschrühten Scherbens mit einer weiß deckenden Zinnglasur und die anschließende Bemalung des noch ungebrannten Glasurüberzuges mit Farben aus Schwermetalloxiden ist als Fayencetechnik berühmt. (Der Farbauftrag geht erst im folgenden Glattbrand eine feste Verbindung mit der Zinnglasur ein und entfaltet so seinen strahlenden Glanz). Höhepunkte der europäischen Fayence, die viele Abwandlungen kennt, finden wir in der spanisch-maurischen Kunst und in der italienischen Renaissance.

Neben der Gefäßkeramik ist die Baukeramik zu nennen. Sie umfasst Bau- und Dachziegel, Klinker, gestaltete Firstziegel, bemalte oder mit Relief verzierte Wand- und Bodenplatten. Zu ihren Werkstoffen gehört auch Lehm, ein Anverwandter des Tons.

Mit der Töpferscheibe, die um 3500 v. u. Z. entwickelt wurde und deren Verwendung mit den noch heute üblichen Handgriffen bereits auf Wandgemälden aus der Amarna-Zeit in Theben (um 1450 v. u. Z.) dargestellt ist, liegt ein bis in unsere Zeit genutztes

Schnurkeramik, 2500 v. Chr. Vorgeschichtliche Keramik ist ein wichtiges Mittel zur zeitlichen und räumlichen Bestimmung frühgeschichtlicher Kulturperioden.

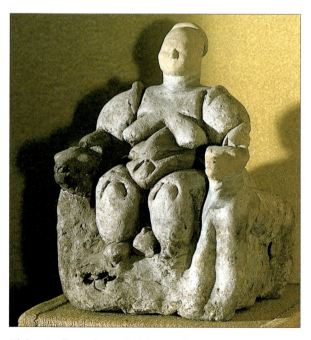

Kleine Tonfigur als Symbol des Fruchtbarkeitskults. Fundort ist eine Kultstätte von Çatal Hüyük, etwa 5400-5200 v. Chr.

Bis heute wird der Ziegelstein, trotz moderner Bauweisen, als Baumaterial eingesetzt.

Die Technik der gebrannten Ziegel entwickelten die Römer. Die Fertigung von „Backsteinen" verlangte sorgfältige Planung und Sachkenntnis. So war bereits die Erschließung der Lehm- und Tongruben von entscheidender Bedeutung. Die in ihrer Nähe errichteten Ziegelöfen arbeiteten Tag und Nacht, sie benötigten ständig Nachschub an Brennmaterial. Die Ziegelstreicher, welche die Rohstoffe aufbereiten, kneten und in Formen pressen mussten, brauchten nicht nur Kraft, sondern auch Fingerspitzengefühl für die Masse. Sie durfte nicht zu mager, aber auch nicht zu fett sein.

Ein Ziegler thut man mich nennen/
Auß Lätten kan ich Ziegel brennen/
Gelatt vnd hell / Kälend darbey/
Daschen Ziegl / auch sonst mancherley/
Damit man deckt die Heusser obn/
Für Regen / Schnee vnd Windes thobn/
Auch für der heyssen Sonnen schein/
Cynira erfund die Kunst allein.

Geübte Ziegler schafften damals etwa 500 Steine am Tag. Die Kunst der Ziegelbrenner bestand darin, die Temperatur auf einer bestimmten Höhe zu halten, ohne Messmittel, vertrauend auf die eigene Erfahrung. Stieg die Temperatur dabei zu sehr, führte das zu rotbraun gefärbten und glasartig glänzenden Steinen. Erst später waren sie den Bauleuten erwünscht. Als „Klinker" fanden sie als Schmucksteine Verwendung, so beispielsweise an Backstein-

Klinker in norddeutschen Sakralbauten, Kloster Chorin

bauten des Mittelalters wie in Chorin an der Klosterkirche (erbaut zwischen 1273 und 1344). Bis ins 19. Jahrhundert wurden in Handziegeleien auch Dachsteine geformt (so genannte Biberschwänze). Der letzte bearbeitete Ziegel vor dem Feierabend diente der Abrechnung des Tages. Einen Ziegel, der nach dem Feierabend schön verziert wurde, erhielt z.B. der Bauherr bei der Übergabe des Hauses. Feierabendziegel widerspiegelten meist Symbole und Ornamente bäuerlicher Kunst.

Als das Papier noch nicht erfunden war, diente neben anderen Materialien auch Ton als Schreibgrund. Jahrtausendelang hat der Ton im Zweistromland, zwischen Euphrat und Tigris, eine wichtige Rolle als Informationsträger gespielt. In die weiche Oberfläche von Tontäfelchen und Zylindern grub man die Schriftzeichen. Briefe, Testamente und Verträge machte der Kunde gültig, indem er sein persönliches Siegel unter dem Text in den Ton abrollte. Die Tontafel als Schreibgrund gab der Schule ihren schönen Namen „Haus der Tafel". Die Athener benutzten Tontäfelchen um die Namen missliebiger Politiker einzuritzen und damit über deren weiteren Verbleib mitzuentscheiden. Dieser Vorgang wurde als „Scherbengericht" bekannt. Der Sinn der Griechen für harmonische Formen, Genauigkeit und Klarheit und

Engobiertes Gefäß. Antike korinthische Keramik mit Bemalung: Herakles verfolgt die Kentauren (um 585 v. Chr.)

ihr großes handwerkliches und künstlerisches Können werden an den hinterlassenen bemalten Vasen und Schalen deutlich. Weltbekannt sind die attischen schwarz- und rotfigurigen Vasen, die mit Glanztonschichten (sinternden Engoben) bemalt sind. Die Konturen wurden durch Ritzung verstärkt.

Der römische Keramikmarkt wurde vor allem durch

Rollsiegel, 4.-3. Jahrtsd. v. Chr.; babylonische Kunst (Ausschnitt)

eine korallenrote, mit Reliefverzierungen versehene Töpferware beherrscht. Bei der Massenfertigung von Gefäßen mit ornamentalem oder figürlichem Dekor wurde die Ware nicht frei gedreht, sondern in Formschüsseln eingedrückt, an deren Innenwänden sich die eingestempelten Matrizen des Reliefschmucks befanden (daher ihr Name Terra sigillata).

Viele Völker dieser Erde nutzten die Eigenschaften des Tones. Unabhängig voneinander brachten sie das Töpferhandwerk zu hoher Blüte. So sei verwiesen auf vorkolumbianische Keramik Mittel- und Südamerikas, die in ihrer Form- und Farbgebung wie in der Ornamentik und in der Motivwahl von außergewöhnlicher Qualität ist. In den Keramiken spiegeln sich religiöse, zeremonielle und symbolhafte Denkweisen ihrer Schöpfer wider.

Die Töpfer im alten China schufen bereits um 300 v. u. Z. Keramikware, die im scharfen Feuer bei 1200 bis 1300 °C dicht sinterte. Diese steinzeugähnlichen Produkte waren die Durchgangsstufe zum Porzellan.

Die zunehmend ungleichmäßige Entwicklung welthistorischer Abläufe seit dem 5. Jahrtausend führte zu einem erheblichen Differenzierungsprozess. Dieser lässt sich u. a. auch an den Ergebnissen der Keramikproduktion ablesen.

Heute werden weltweit etwa 50 Mio. t Tone, Kaoline und Bentonite verarbeitet. Davon nutzt die keramische Industrie etwa 20 %. Das Spektrum der Anwendung ist dabei breit gefächert und begegnet uns im Alltag fast überall.

Neben den beiden großen anwendungsbezogenen Bereichen der Keramik steht die freie plastische Gestaltung als ein ganz der Kunst zuzuordnender Bereich. Sie hat zu allen Zeiten, von der Steinzeit bis heute ihre Bedeutung gehabt. Für viele Bildhauer der Moderne wurde gerade der Ton ein wesentliches Ausdrucksmittel, so z. B. für Aristide Maillol und Auguste Rodin, die an ihrem Anfang stehen, oder für Gerhard Marcks, Giacomo Manzu, Henry Moore u. a.

Sachinformation

Der Werkstoff Ton, seine Aufbereitung und seine Eigenschaften

Zum Formen werden plastische und nichtplastische Rohstoffe gebraucht. Sie werden zumeist, ähnlich wie Braunkohle, im Tagebau abgebaut. Dabei können z. B. tonhaltige Lagerstätten knapp unter der Oberfläche, aber auch einige Meter tief liegen. Sie werden nach ihrem Abbau gereinigt und aufbereitet.

Plastische Rohstoffe – das sind Tone und Kaoline – bilden, mit Wasser vermengt, formbare Gemenge. Die Bildsamkeit bewirken dabei feinste Tonminerale. Zu den nichtplastischen Stoffen zählt beispielsweise der Sand (SiO_2). Ausgangsgesteine sind vorwiegend magmatische und metamorphe Gesteine, wie z. B. das Eruptivgestein Granit oder Porphyr. Der Grundbestand an Mineralen in den Gesteinen ist fast gleich; es sind Feldspat, Quarz und Glimmer. Sedimentgesteine haben sich aus Materialien verfestigt, die durch Verwitterung zerkleinert wurden. So lagerten sich Körner als Sediment an langsam fließenden Stellen im Flusslauf ab. Im Laufe von Jahrmillionen wurden diese Schichten durch gewaltige Kräfte wieder zusammengepresst. Kaoline, Tone, Kreide und Gips gehören in diese Gesteinsgruppe. Kaolin und Ton unterscheiden sich durch ihren unterschiedlichen Anteil von Quarz. Bleiben die Verwitterungsstoffe am Ort ihrer Entstehung liegen, so bezeichnet man diese Lagerstätte als primär. Dazu gehören die Kaoline. Sie sind meist sehr rein und von grauweißer Farbe. Werden Verwitterungsstoffe durch Wind oder zumeist Wasser verlagert, so finden sie sich in sekundären Lagerstätten. Während des Transports haben sie weitere Stoffe aufgenommen, die Einfluss auf Farbe und Formbarkeit haben. Das können verschiedene Metallverbindungen, Quarzsand oder organische Stoffe sein. Manche dieser Tone sind dabei stark mit Sand vermischt, ein solches Gemenge bezeichnet man als Lehm. Lehme enthalten nur geringe Mengen Tonsubstanz (zwischen 20% und 50%) und sind da-

Sandstein

Quarzit

Kalkstein

Granit

her nur mäßig gut formbar. Der höhere Gehalt an Eisenverbindungen färbt sie beim Brennen gelb bis braun. Die Vielfalt der Ausgangsgesteine, der Grad der Zersetzung und die Mineralbildungsprozesse bei der Umlagerung bringen die verschiedenartigsten Tone hervor. Ein Qualitätskriterium ist das ihrer Bildsamkeit.

Wir unterscheiden magere, halbfette und fette Tone, wobei in der Reihenfolge der Anteil an Schichtsilikaten zu- und der Quarzgehalt abnimmt. Ein fetter Ton (Drehton) weist kaum Verunreinigungen auf. Die vielen Tonteilchen nehmen in großer Menge Wasser auf. Dieser Ton hat eine große Plastizität. Er zeichnet sich durch eine glatte, speckig glänzende Oberfläche aus. Er verzeichnet jedoch eine hohe Schwindung, die zur Rissebildung führen kann. Das Volumen des Tonproduktes verkleinert sich beim Trocknen und Brennen etwa um 10%. Um die negativen Eigenschaften des Reißens und Verziehens zu vermindern, wird die Tonmasse durch Zusätze gemagert. Fettem Ton kann Schamottemehl oder -gries (zermahlene Scherben) mit 0,5 bis 5,0 mm Körnung bis zu 50% beigemengt werden. Organische Magerungsmittel (Sägemehl, Torf, Kohlepulver) verbrennen und hinterlassen Hohlräume im Scherben.

Für die Arbeit mit den Kindern sollten Sie beim Töpfer oder Fachhändler leicht schamottierten (also halbfetten) Ton erwerben.

Sollen plastische, d.h. formbare Massen in ihrer Zusammensetzung verändert werden, gibt man ihnen zusätzlich Magerungs- und Flussmittel, d. h. unplastische Rohstoffe bei. Sie setzen die Bildsamkeit der Tone herab. Feldspat z.B. magert den Ton und vermindert seine Trockenschwindung, als Flussmittel begünstigt er Sinterung und Glanzschmelze. Quarz verringert die Brenn- und Trockenschwindung.

Kalkstein wirkt ebenfalls als Magerungsmittel, erhöht aber auch die Porösität des Scherbens.

Mit Schamotte versetzter Ton schwindet beim Trocknen und Brennen weniger, bildet nicht so leicht Risse und eignet sich für den Aufbau größerer Formen. Je plastischer die Masse ist, desto größer ist der Zusammenhalt der Teilchen und damit verbunden die Bindefähigkeit.

Die Bildsamkeit ist eine spezifische Eigenschaft keramischer Massen. Ursache dafür sind die sehr feinkörnigen und plättchenförmigen Tonminerale, die über ein feines, weitverzweigtes Kapillarnetz verfügen und aufgrund ihrer charakteristischen Struktur auf dem angelagerten Wasser sich leicht verschieben lassen. Stoffe, die keine Plättchenstruktur aufweisen, zeigen keine Bildsamkeit (z.B. Quarz). Die feinen Tonteilchen haben die Eigenschaft, an ihrer Oberfläche Wassermoleküle einzulagern. Mit der Wasseraufnahme vergrößern Tone ihr Volumen, sie quellen. Dabei dringt die Feuchtigkeit bis in kleinste Teilchen des Massegefüges ein. Sie schließt den Ton auf und macht ihn damit gut bildsam. Organische Beimengungen im Ton erhöhen seine Bildsamkeit. Die Plastizität des Tones kann auch durch Mauken (Lagern) erhöht werden. Dieses besteht darin, dass man den feuchten Ton an einem möglichst kühlen Ort in rostfreien Gefäßen ablagern lässt. Auf der Bildsamkeit des Tones beruhen die vielfältigen Möglichkeiten der Formgebung, z. B. die durch Drehen.

Für die Arbeit mit Kindern werden an eine richtig zusammengesetzte Masse folgende Bedingungen gestellt:
– sie soll gut formbar sein, sie muss sich modellieren lassen, ohne zu kleben;
– sie soll eine geringe Schwindung aufweisen, damit der Formling beim Trocknen oder Brennen nicht reißt;
– Glasuren sollen auf dem Scherben gut haften;
– die gebrannten Gegenstände sollen im Ofen formbeständig bleiben.

Einteilung der Keramik

Kaoline und Tone sind die grundlegenden Rohstoffe für unsere Keramikerzeugnisse. Man versteht unter Keramik alles, was daraus hergestellt und gebrannt ist – vom einfachsten Ziegelstein bis zum feinsten Porzellan. Traditionelle keramische Erzeugnisse sind Irdengut, Steingut, Steinzeug, Porzellan. Kriterium ihrer Einteilung sind die verwendeten keramischen Massen; sie werden wie folgt unterschieden:

Nach ihren Eigenschaften:
– nach dem Mineralbestand in der Zusammensetzung der Masse,
– nach der Brenntemperatur und der Brennfarbe,
– nach der Formbeständigkeit,
– nach der Art der Anwendung, d. h. nach ihrem Verwendungszweck.

Nach dem Mineralbestand:
– poröse, farbige Scherben (so genanntes Irdengut),
– poröse weiße Scherben (Steingut),

- wasserdichte, weiße, zum Teil transparente Scherben (Porzellan),
- wasserdichte, farbige Scherben (Steinzeug).

Nach der Brenntemperatur:
Sie liegen bei:
- Irdenware bei 800 °C-1100 °C
- Steingut zwischen 1150 und 1250 °C
- Steinzeug über 1200 °C
- Hartporzellan zwischen 1370 und 1410 °C
- feuerfeste Tone bei 1580 °C.

Nach der Brennfarbe:
- Ein wesentliches Qualitätsmerkmal des Porzellans ist z. B. seine reine, weiße Farbe.
- Lehme dagegen sind durch ihre Bestandteile an Eisenhydroxid braungelb bis graugelb gefärbt.
- Tone können viele Färbungen aufweisen. Dominiert z. B. Manganoxid im Ton, so ist er von schwarzer Farbe; Eisenverbindungen können ihn rot färben; anzutreffen sind, je nach Art der Lagerstätte, aber auch Weiß, Grauweiß, Gelb.

Nach der Art der Verwendung:
Töpfereiware: Irdengut
- Haushaltskeramik wie Kannen, Teller, Schüsseln, Blumentöpfe, Vasen
- Ziegeleiware, wie Backsteine, Schmuckplatten, Dachziegel

Steingut
- Gebrauchsgeschirr, Sanitärkeramik, Ziergegenstände, Wandfliesen

Steinzeug
- technische Erzeugnisse wie Rohre, Säuregefäße, Laboreinrichtungen; Futtertröge, Haushaltskeramik, Fußbodenplatten, Sänitärkeramik, Klinker

Porzellan
- Tafelgeschirr, Gebrauchsgeschirr, Zierporzellan; Elektroporzellan wie Isolatoren, Schaltersockel, Zündkerzen, Sanitärporzellan, chemisch-technisches Porzellan.

Grundlegende Verfahren der Formgebung

Dieses Kapitel geht von der Gefäßformung aus, da sie die Grundlage für alle Einsichten in die technischen und gestalterischen Forderungen der Arbeit mit Ton darstellt (siehe Anliegen des Lernbereiches auf S.7).

Plastische Formgebung

Sie besteht im Rollen, Drücken, Stauchen und Ziehen oder Treiben und entwickelt sich aus der natürlichen Handhabung des Tonmaterials. Ein Batzen Ton in der Hand fordert zum Formen auf; es liegt nahe, ihn zu glätten und zu runden. So findet man zur Form der Kugel, die auch für Gefäße eine Ausgangsform ist. Das Drücken aus der Tonkugel ist wohl die einfachste Art der Gefäßformung.

Die geschlossene Form der Kugel wird dabei mit den Daumen zu einem Gefäßraum aufgeweitet. Die Höhlung entsteht, indem die Daumen die Innenwandung nach außen treiben, während die Finger dagegen drücken. Der Treibvorgang besteht sowohl aus einer Druckausübung wie aus dem partiellen Verschieben von Ton und dem gleichzeitigen Hochziehen der sich allmählich weitenden Wandung. Ein langsames, auf den Werkstoff konzentriertes Arbeiten lässt die Finger die Dicke der Wandungen und die Formveränderung spüren. Während des Formens ist es günstig, die Finger nicht anzufeuchten. Dies würde zum Schmieren des Tones führen und die Form deformieren. Sobald jedoch Trockenrisse auftreten, sollte der Oberfläche mit einem angefeuchteten Tuch Wasser zugeführt werden. Risse entstehen gerne am Gefäßrand, der am ehesten austrocknet.

Um abschließend eine Standfläche zu erhalten, wird das Gefäß mehrfach leicht auf der Unterlage gestaucht. Auch der Gefäßrand, die so genannte Lippe, kann so auf eine gleiche Ebene gebracht werden.

Aufbauen

Gefäße können aus einzelnen Elementen, wie Wülsten, Streifen und kleinen Tonbatzen, aufgebaut und aus Platten zusammengesetzt werden.

Aufbau aus Wülsten

Eine auf einer Unterlage ausgewellte Tonplatte (ca. 1cm Stärke) wird mit einer Leiste in gleichmäßige Streifen geschnitten. Diese werden ausgerollt, wobei die Hände gleichmäßig von der Mitte nach außen und zurück arbeiten. Während des Aufbauens bleiben die Wülste unter einem feuchten Tuch. Dies vermeidet ein frühes Antrocknen bzw. Rissigwerden des Tones. Auf einer Ränderscheibe wird eine Tonplatte für den Boden „abgedreht", d.h. mit einer Nadel kreisförmig eingeritzt. Der überschüssige Ton wird entfernt. Wenn Ränderscheiben fehlen, kann der kreisförmige Boden durch Umzeichnen eines Gegenstandes als Schablone gefunden werden.

Auf den Rand dieser Platte wird Schlicker aufgetragen und die erste Wulst aufgelegt. Sie wird sorgfältig mit der Grundplatte verstrichen. Jede weitere Wulst ist mit Schlicker zu binden und mit der unteren zu verstreichen. Nach etwa 3 Schichten wird die Innenseite geglättet, indem mit einem Modellierholz von unten nach oben gestrichen wird und die andere Hand gleichzeitig sanft nach unten gegendrückt.

Das Wulstverfahren eignet sich für bauchige Formen, da die Wülste nach innen oder außen versetzt aufgelegt werden können. Mit dem Wechsel verschieden starker Wülste, mit dem Einarbeiten kleiner geometrischer Formen und mit dem Verzicht auf das Glätten der Außenwandung werden die Wülste sichtbare Gestaltungselemente, was von besonderem Reiz sein kann. Das Innere des Gefäßes wird immer sorgfältig verstrichen. Aufsetzen von Streifen führt zu zylindrischen Gefäßen. Kleine Tonbatzen, die man flächig verformt, lassen wiederum geschwungene Wandungen zu.

Aufbau aus Platten

Aus Platten zusammengesetzte Gefäße haben stereometrische Formen. Die Platte selbst ist in einfachster Weise wie eine Fliese geformt. Vom Gefäßboden hängt ab, wie viele Platten benötigt werden. Auf einen kreisförmigen Boden wird eine zum Zylinder gebogene Platte gesetzt. Ein Gefäß mit quadratischem Boden braucht für seine Wandung vier Platten.

Dieses konstruktive Verfahren fördert räumliches Vorstellen, setzt aber auch ein in Grundzügen entwickeltes Verständnis für geometrische Beziehungen voraus. Und es verlangt, anders als das Formen aus der Kugel, die Arbeit zu planen.

Auch die Auswahl des Tones ist zu beachten; er muss so schamottiert sein, dass er beim Aufbau stabil bleibt. Darüber hinaus erweist es sich als günstig, die Platten zunächst etwas antrocknen zu lassen. Dadurch verringert sich ihr Eigengewicht, und sie können sich beim Aufbauen nicht allzu sehr verformen. Untereinander sind die Platten sorgfältig aufzurauen und ausreichend mit Schlicker zu verstreichen. Nach dem Zusammensetzen werden die Fugen mit einer dünnen Tonwulst verstärkt und verstrichen.

Freies plastisches Gestalten

Beim freien Formen kommen die plastischen Verfahren und das Aufbauen zur Anwendung. Rollen, Drücken, Stauchen sind für die vollplastische Arbeit wichtig; hier kommt es darauf an, vereinfachte, kompakte Formen zu wählen. Jede Form aber, die über 4 cm Durchmesser hinausgeht, muss, wenn sie gebrannt werden soll, ausgehöhlt werden.

Grundschulkinder haben das Bedürfnis additiv zu arbeiten. Weil sie jedoch den Zusammenhang zwischen Trocknen und Schwinden noch nicht erkennen, ist es wichtig, kompakte Formen zu wählen. Beim Zusammensetzen ist das Aufrauen der Verbindungsstellen und ein sorgfältiges Schlickern zu beachten.

Der Trocknungs- und Brennprozess

Die geformten Gegenstände müssen nun über eine sorgsame Trocknung zum Brennen vorbereitet werden. Während der Trocknung ändert sich der Zustand der Masse. Sie geht vom feuchten in den trockenen Zustand über. Der zunächst feuchte Ton enthält Wasser in verschiedenen Zustandsformen (freies Anmachwasser, Hüllenwasser, Porenwasser, Absorptionswasser und chemisch gebundenes Konstitutionswasser). Die thermische Trocknung, d. h. die Verdunstungs- und Verdampfungstrocknung, ist ein physikalischer Vorgang, bei dem keine stofflichen Veränderungen eintreten. Getrocknet wird vor dem Brand, damit der sich bildende Wasserdampf den Brennverlauf nicht beeinflusst.

Mit dem Entweichen eines großen Teiles des Hüllen- und Porenwassers nähern sich die flachen Tonteilchen einander an, das Volumen wird dabei verkleinert. Diese Schwindung des Formlings beträgt zwischen 2% bis 10%. Mit abnehmendem Wassergehalt steigt die Trockenbruchfestigkeit.

Nach etwa einem Tag wird die Masse lederhart. Dies bezeichnet im Trockenprozess die Phase zwischen bildsam weich und lufttrocken. Der Formling ist verfestigt, jedoch noch nicht spröde. Teile können jetzt noch angesetzt bzw. abgedreht oder abgeschnitten werden. Zuletzt trocknen die Gelschichten aus und die Masse wird spröde.
Wichtig ist, dass der Formling in allen Teilen gleichzeitig vom plastischen in den spröden Zustand übergeht. Trocknet die Masse zu schnell, führt das im Rohling zu unterschiedlichen Schwindungen, das

heißt zu Spannungen und in der Folge zu unerwünschten Rissen. Deshalb sollten Einzelteile wie Henkel u.a. zunächst durch feuchte Tücher geschützt werden, da sie der Luft stärker ausgesetzt sind und daher rascher trocknen. Eine gleichmäßige Verdunstung an der Oberfläche (innen wie außen) erzielt man durch langsames Trocknen, ohne große Feuchtigkeitsdifferenzen der Trocknungsluft. Es empfiehlt sich, den Formling wiederholt zu wenden. Damit können Spannungen durch den unterschiedlichen Feuchtigkeitsgehalt zwischen dem Scherben inneren und der Scherbenoberfläche sehr gut vermieden werden.

Günstig ist es auch, geformte Gegenstände mit Folie zu verpacken und die Umhüllung allmählich zu öffnen. Ein stillgelegter Kühlschrank, dessen Innenraum befeuchtet wird, kann ein idealer Trockenschrank sein. Gipsplatten sind als Ablage zum Trocknen gut geeignet. Um eine mögliche konkave Krümmung zu verhindern, kann man flache Platten zwischen zwei Gipsplatten legen. Nach etwa 70 Stunden schwindet die Masse beim Lufttrocknen nicht weiter. Nach einer Woche ist sie hart, jedoch leicht zerbrechlich.

Die gleichmäßig durchgetrockneten Gegenstände können nun zum ersten Brand, dem Schrühbrand, in den Ofen eingesetzt werden. Das Fassungsvermögen des Ofens sollte hierbei maximal genutzt werden. Die Formlinge dürfen in- und übereinander ge-

stapelt werden. Zu achten ist lediglich darauf, dass die unteren Rohlinge dem Druck standhalten.

Bei zunächst langsam ansteigenden Temperaturen entweicht das im Ton enthaltene Absorptionswasser bis 250 °C. Die Brennfarbe bildet sich aus. Die Tonminerale geben bei Temperaturen zwischen 450 °C und 600 °C ihr chemisch gebundenes Wasser ab. Alle noch im Ton vorhandenen organischen Stoffe verbrennen. Beim Erhitzen der Formlinge setzt sich die Schwindung fort. Die Bildsamkeit geht nun endgültig verloren, die Bildung des Scherbens beginnt. Nach dem Schrühbrand, bei etwa 900 °C, ist ein poröses Material, der Scherben, entstanden. Er ist steinartig verfestigt. Geschrühter Ton löst sich nicht mehr in Wasser, er kann aber Feuchtigkeit aufnehmen. Diese Eigenschaft nutzt man bei einfachen, unglasierten Töpfereierzeugnissen (zum Beispiel bei Blumentöpfen).

Soll der Ton wasserdicht werden, so muss er in einem zweiten Brand, dem Glatt- oder Glasurbrand, weiter verfestigt werden (Sinterung). Als Sinterung bezeichnet man die Verfestigung der Mineralteilchen bei weiterer Wärmezufuhr. Das zunächst poröse Material kann bei hohen Temperaturen bis zur vollkommenen Verdichtung, d. h. zur Verglasung des Scherbens gebracht werden. Die Sintertemperatur wird als „Brenntemperatur" ausgewiesen. Bei der Produktion von Hartporzellan für die Elektroindustrie ist die Verglasung des Scherbens eine wichtige technische Forderung.

Charakteristische Eigenschaften der verarbeiteten Masse, wie Festigkeit, Härte, Farbe oder Dichte, sind erst nach dem Brennprozess erkennbar. Dabei zeigen die einzelnen Minerale Unterschiede im Verhalten, in der Schwindung, beim Sintern oder in der Festigkeit. Zur Erhöhung des Gebrauchswertes (um z. B. eine dicht schließende und glatte Deckschicht zu erhalten) und als ästhetische Gestaltungsmöglichkeit kann auf den Scherben eine Glasur aufgebracht werden. Sie besteht aus einem Gemenge von Kaolin, Feldspat, Quarz und Kreide.

Mit Wasser aufgeschlämmt und gut verrührt, wird der poröse Scherben damit übergossen, getaucht oder ausgeschwenkt (siehe auch S. 23). Unter der hohen Temperatur schmilzt die Glasur an den Berührungsflächen zu einer dichten, wasserundurchlässigen Schicht auf den Scherben auf. Beim Brand reagiert sie chemisch mit dem Scherben, sie bewirkt seine oberflächige Schmelzung. Zu beachten ist, dass die gewählte Glasur eine Schmelztemperatur besitzt, die der Brenntemperatur des Tones entspricht.

Brennofen

Sicherheit: Glasuren mit Schwermetalloxiden haben zwar einen brillanten Glanz mit hoher Farbintensität, sind aber im Schulgebrauch verboten.

Achtung! Während es beim Schrühbrand möglich ist, Formlinge im Ofen in- und übereinander zu stapeln, erfordert der Glasurbrand das einzelne Einsetzen jeder Form. Die Gegenstände dürfen sich hierbei nicht berühren. Um zu verhindern, dass Glasuren „ablaufen", d. h. auf der hitzebeständigen Platte aus Schamotte im Elektroofen aufschmelzen, ist es wichtig, die Beschaffenheit einer Glasur zunächst in einem Probebrand zu erkunden. Der Gefäßboden muss unbedingt frei von Glasur sein. Dazu wird der Boden sorgfältig mit einem feuchten Schwamm gesäubert (s.S.23). Die Schamotteplatte kann mit einem Engobeüberzug zusätzlich geschützt werden, denn auf ihr lassen sich Glasurtropfen wieder entfernen. Eine mit Glasur verklebte Platte ist unbrauchbar, weil aufgesetzte Gefäße im Brand mit ihr unlösbar verschmelzen.

Dekorationsverfahren

Jeder beim plastischen Gestalten aufgetragene Schmuck soll die Form wirkungsvoll ergänzen, d.h., Dekore und Farben werden sparsam und bewusst aufgebracht. Sie ordnen sich damit dem Charakter der Form unter und bilden mit ihr eine Einheit. Aus der Vielzahl der keramischen Dekorationsverfahren seien nur einige ausgewählt:
– das Ritzen
– das Stempeln bzw. Abdrucken
– das Engobieren
– das Glasieren.

Jedes Verfahren kann für sich zur Anwendung kommen. Man kann sie aber auch miteinander kombinieren (z.B. Ritzen Stempeln; Ritzen Engobieren). Töpfer benutzen Formgebung, Motivwahl, Farbgebung und Symbole als Ausdrucksmittel ihrer Ideen und Werte. Überlieferung, Kult- und Glaubensrituale kennzeichnen Töpferwaren ganz bestimmter Landstriche, Länder und Völker auch heute noch.

Das Ritzen

Das Ritzen gehört, auch historisch betrachtet, zu den ersten Techniken des Verzierens und ist eine häufig angewendete Dekortechnik für den noch ungebrannten, feuchten Formling. So finden sich aus dem 6. Jahrtausend v. u. Z. stammende Gefäße mit fein eingeritzten spiralförmigen Mustern. Das Ritzen geschah mit den Fingern, ebenso mit Naturmaterial. Je nach der Breite dieser Ritzspur wird zwischen dem Ritzen, dem Rillen oder Riffeln und dem Kannelieren unterschieden. Das Rillen geschieht z. B. auf der sich drehenden Ränder- oder Töpferscheibe. Man spant mit geeigneten Werkzeugen (z. B. Modellierhölzern) den lederharten Ton ab oder drückt ihn ein. Geritzt wird mit einem angespitzten Hölzchen, auch keilförmig geschnittenem Bambus o. Ä. in die leicht bis lederhart angetrocknete Tonoberfläche. Um feine Linien zu erzielen, ist es wichtig, dass der Ton glatt und von groben Beimengungen frei ist. So entstehen formunterstützend lineare Ritzornamente. Bei den schwarz- bzw. rotfigurigen attischen Gefäßen wurde durch Ritzung die Kontur der aufgemalten Figuren verstärkt. Ritzverzierungen im Ton sind in Deutschland noch bis ins 19. Jahrhundert bei der Technik der handgestrichenen Ziegel anzutreffen, als Symbole und Ornamente vorwiegend bäuerlicher Kunst. Bei der Engobemalerei dienten Einritzungen auch dazu, Motive vorzuzeichnen, um sie dann mit farbiger Engobe hervorzuheben.

Das Stempeln und Abdrücken

Stempel und Abdruck setzten die Töpfer seit der zweiten Hälfte des 3. Jahrtausends ein. Die Verzierungen bestanden z. B. im Abdrücken einer gedrehten Schnur. Sie gab den Menschen dieser Kultur ihren Namen, Schnurkeramiker. Drückt man einen harten Gegenstand in den Ton, formt er sich dort ab. Stempelornamente können mit vielerlei Hilfsmitteln auf den Formling gebracht werden. Der ursprünglichste Stempel ist der Finger; aber jeder stempelartige Gegenstand, der sich findet, ist einsetzbar – das Holzprofil ebenso wie die einfache Negativform des Butterförmchens (Models). Stempel lassen sich selbst herstellen, indem man sie aus Ton, der gebrannt wird, oder Gips schneidet (s. auch S. 39). Bei der Verwendung von Rollsiegeln entstehen wiederkehrende flächige Motive. Reizvoll ist die Technik des Materialabdrucks, das können Schnüre, Drahtgeflechte sein, aber auch Naturmaterialien – Gräser, Blätter, Zweige u. Ä. lassen sich einwellen und ergeben interessante Strukturen. Dafür sollte das Material, wenn es noch feucht ist, zuvor zwischen trockene, saugfähige Papiere (Küchenkrepp) gelegt werden, weil es nass am Ton haften bleibt.

Das Engobieren

Das Schmücken geformter Gefäße mit andersfarbiger Tonmasse ist bereits aus prähistorischer Zeit bekannt. Dazu rührten die Töpfer den in der Natur vorkommenden Ton (zumeist von schwarzer, roter und weißer Farbe) mit Wasser an. Der Begriff Engobe stammt aus dem Französischen. Er bedeutet so viel wie Beguss und verweist auf seinen Einsatz, einen unansehnlichen Scherben zu überdecken und zu verschönern.

Die erdigen Farben, hervorgerufen durch unterschiedliche Minerale, sind auch heute noch die dominierenden Farbtöne in der Kultur vieler Völker, z. B. in Mexiko und Peru. Sie basieren auf der frühen Erkenntnis, dass farbige Tone Malfarben sind (siehe S.14, antike Griechen). Ein gleichmäßiger Farbüberzug über den zumeist lederharten Formling wird durch Begießen oder Tauchen erreicht. Engoben können raue Oberflächen verdecken und hellere oder dunklere Oberflächen erzeugen. Wird in einem anschließenden Glattbrand transparent glasiert, kommen die Farben leuchtend hervor.

Bunzlauer Ware

Hinweise auf technische Verfahren: Engoben sind Grundlage für zahlreiche Dekorationstechniken. Ausgang zur Herstellung farbiger Engobe ist weißes Tonmehl, dazu werden verschiedene Farboxide gemischt. Diese werden fein gemahlen und mit Wasser vermischt. Für das Arbeiten mit Engoben soll der Formling lederhart angetrocknet sein, um ein Aufweichen der Form zu vermeiden. Wird die Engobe aufgetragen, wenn der Formling lederhart ist, passt sich deren Schwindung der Trockenschwindung besser an. Typisch für Engobemalerei sind die mit dem Malhörnchen oder einem Pinsel aufgetragenen einfachen Strich-Punkt-Muster. Sie sind in ihrer Gestaltungsmöglichkeit unerschöpflich. Wird der Formling mit Engobe übergossen, können z. B. Schmucklinien oder -flächen mit weichem Kamm, Borstenpinsel, Hölzchen, Nagel o. Ä. herausgeritzt werden. Dabei kann auch die Grundfarbe wieder hervorgeschabt werden (Sgraffito).

Eine alte orientalische Verzierungstechnik ist das Arbeiten mit Schablonen. Sie werden auf den Formling aufgelegt, die Engobe wird übergossen, getupft oder aufgespritzt und die Schablone danach behutsam entfernt. Eine interessante Oberflächenstruktur kann erzielt werden, indem Engobe mit einem Schwamm aufgetupft wird, ein Verfahren, das bei der Bunzlauer Ware angewandt wird. Soll Engobe nach dem Brennen leicht glänzen und fest auf dem Scherben haften, kann man ihr etwa 5 – 10 % farblose, transparente Glasur beimischen.

Das Glasieren

Bereits in assyrischer Zeit sowie in der Zeit der ägyptischen Hochkultur führten zunächst primitive Brennmethoden zum Schmelzen einer Glasur. Die Geschichte der Glasuren ist eng verbunden mit der Entwicklung von Brennöfen. Die Glasur auf der Basis von Metalloxiden ist islamischen Ursprungs und gelangte über Europa auch auf den amerikanischen Kontinent. Weitere Höhepunkte auf dem Gebiet der Entwicklung von Glasuren sind bei den Chinesen, den Mauren und Persern zu finden.

Hinweise auf technische Verfahren: Glasuren umschließen den Scherben und schmelzen bei hohen Temperaturen auf. Es bildet sich ein glasartiger Belag auf der Keramik. Dabei wird auch der Scherben dichter, seine Wasserdurchlässigkeit wird herabgesetzt. Glasieren erhöht die Bruchfestigkeit des Scherbens und erweitert seine Gebrauchsfähigkeit. Die Glasu-

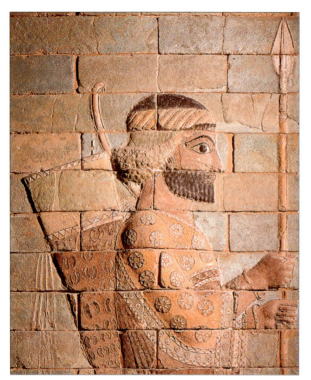

Bogenschütze; glasiertes Ziegelrelief. Altpersisch, um 515 v. Chr. (Ausschnitt aus einem Fries)

ren können farbig oder farblos, transparent oder deckend, glänzend oder matt sein.

Das im Handel erhältliche Glasurpulver besteht aus einem Schmelzgemenge von feinem Quarzmehl, dem eigentlichen Glasbildner, Kaolin, der Trägersubstanz, und wasserunlöslichen Flussmitteln, wie z.B. Kalkspat. Schon einmal geschmolzen und gemahlen, besitzt diese „Fritte" eine günstige Schmelztemperatur. Mit Wasser aufgeschlämmt, entsteht aus ihr ein Glasurbrei, der gut verrührt durch ein Sieb passiert wird (Maschenweite 10 000). Seine Konsistenz sollte leicht sahnig sein. Das überprüft man mit der *Zeigefingerprobe*. Dafür taucht man den Finger kurz etwa 1 cm tief in die Glasur ein; bleibt die Glasur deckend am Fingernagel, kann sie aufgetragen werden. Gut verschlossen, ist Glasur unbegrenzt haltbar. Sie kann sich jedoch zu steinartiger Schicht absetzen, wenn sie lange ungebraucht bleibt.

Der zum Glasieren vorbereitete Scherben sollte nur niedrig (bei etwa 900 °C) vorgebrannt sein. Damit bleibt er saugfähig. Die Saugfähigkeit führt dazu, dass die Glasur nicht nur auftrocknet, sondern auch eingesogen wird. Die Glasurschwemme wird durch Tauchen, Übergießen, Spritzen oder Auftragen mit dem Pinsel aufgebracht. Ausreichend Glasurpulver

sollte in einem Eimer angesetzt werden. Die Glasur muss vor jedem Benutzen gründlich aufgerührt werden. Um die Eigenschaft der neu angerührten Glasur genau kennen zu lernen, ist es ratsam, Probeplättchen, jeweils eins stehend und eins liegend, zu brennen. Soll der Innenraum eines Gefäßes glasiert werden, wird Glasur mit einer Kelle in 2/3 des Raumes gefüllt, diese vorsichtig verschwenkt und zurückgegossen. Die Außenglasur kann durch Eintauchen aufgetragen werden, zum Festhalten eignet sich eine Glasurzange. Das Gefäß kann stellenweise getaucht, nach dem Antrocknen des Glasurauftrages mit einer zweiten Glasur versehen werden. Man kann aber auch den Rand des Gefäßes in eine andere Glasurfarbe kurz eintauchen.

Nach kurzem Antrocknen (die in der Glasur enthaltene Feuchtigkeit entweicht rasch in den Scherben) wird die Konsistenz mehlig. Mit einem feuchten Schwamm wird der Boden des Gefäßes gründlich abgewischt. Er verhindert ein Fließen der Glasur auf die Unterlage. Soll unterschiedlich farbig glasiert werden, ist die vom Hersteller angegebene Glasurtemperatur (Schmelztemperatur) unbedingt zu beachten.

Glasierte Werkstücke werden möglichst nicht mehr angefasst, Fingerabdrücke können die Glasur beschädigen. Vor dem Einsetzen in den Brennofen sollte die Glasur angetrocknet sein. Auf die Schamotteplatten im Ofen wird zur Sicherheit ein Trennhilfsmittel aufgetragen (Schamottemehl oder Kaolinschlamm).

Läuft eine Glasur ab, lässt sich so die Form meist ohne Beschädigung lösen. Kleine Dreikantstreifen o. Ä. können ebenfalls ein Ablaufen und Verschmelzen mit der Platte verhindern.

Sollen Perlen glasiert werden, können sie auf im Handel erhältlichen Kanthaldraht aufgefädelt und zwischen zwei Keramikblumentöpfen im Ofen eingehängt werden.

Sicherheit: Wegen der Verschmelzungsgefahr muss beim Einsetzen der Gegenstände ein Abstand von 1 bis 2 Fingerbreiten gehalten werden; miteinander verschmolzene Teile sind nicht ohne Beschädigung voneinander zu trennen!

Die unterschiedliche Farbigkeit von Glasuren bewirken Schwermetalloxide wie Blei, Selen, Kadmium u. a. Sie sind als giftig eingestuft und dürfen von Kindern nicht benutzt werden. Werden Keramiken hergestellt, die Speisezwecken dienen, muss auf Schwermetalloxide verzichtet werden! So werden beim Aufbau bleifreier Glasuren z.B. Alkalien, wie

  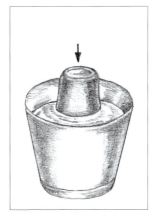 

| Glasieren des Innenraumes | Auftragen der Außenglasur | Eintauchen des Gefäßrandes | Eindrücken in den Schwamm |

Kaliumoxid, Natriumoxid, Bortrioxid, als Flussmittel eingesetzt. Oft werden auch Fritten (vgl. Sachwortverzeichnis S. 62) hergestellt. In ihnen wird das Bleioxid mit Siliziumdioxid und anderen Stoffen zusammengeschmolzen. Solche Fritten sind nicht giftig.

Vorsicht ist auch bei Blautönen angebracht, auch bei nur geringen Spuren von Giftigkeit müssen sie gekennzeichnet sein („mindergiftig"). Sie sollten in der Schule nicht eingesetzt werden!

Die erforderliche Schmelztemperatur beim Glasurbrand muss den Angaben der Glasurverpackung entnommen werden, sie liegt in der Regel zwischen 1050 °C und 1150 °C. Auch die Sinterungstemperatur des Scherbens muss berücksichtigt werden. Da die meisten elektrisch beheizten Öfen heute über eine Computersteuerung verfügen, lässt sich die Temperatur problemlos über ein Fix- oder persönliches Programm einstellen. Beim Ausheben der glasierten Teile sollte der Ofen erst geöffnet werden, wenn die Temperatur deutlich unter 100 °C liegt. Damit werden Risse in der Glasur vermieden.

Für alle Arbeiten beim Glasieren gilt:
Im Fachraum wird nicht gegessen oder getrunken!
Während des Brennens ist für gutes Absaugen der Gase und reichlich Belüftung im Raum zu sorgen. Gearbeitet wird während dieser Zeit im Brennraum nicht!
Beim Ausladen des Ofens ist das Tragen von Handschuhen empfehlenswert. An Bruchstellen besteht Verletzungsgefahr, deshalb Vorsicht!

Arbeitet man mit Engoben und Glasuren ist das Begießen und Tauchen des Scherbens für Kinder wie Erwachsene eine wichtige Erfahrung. Es führt auf elementare Weise zu farbiger Formgebung. Die vom Handel angebotenen Flüssigglasuren werden zumeist mit dem Pinsel ein- oder mehrfach aufgetragen. Sie stellen eine weitere Möglichkeit der farbigen Gestaltung des Scherbens dar.

Werkzeuge und Hilfsmittel

Die wichtigsten Werkzeuge bei der Tonarbeit sind die Hände. Nur durch den unmittelbaren Umgang mit dem plastischen Material wird die so wichtige taktile Wahrnehmung trainiert und sensibilisiert. Der Schneidedraht (hergestellt aus einer Haselrute und einfachem oder verdrehtem Stahldraht) hat sich als vielseitig einsetzbares Werkzeug bewährt. Er kommt zum Einsatz beim Abnehmen einer schülergerechten Tonportion vom Hubel, beim Ziehen einer Platte oder beim Schaffen einer bestimmten Oberflächenstruktur. Mit seiner Hilfe werden Gefäße von der Ränderscheibe geschnitten. Mit einem Well- oder Nudelholz und zwei gleich starken Kanthölzern lassen sich Tonplatten herstellen, die eine gleichmäßige Dicke aufweisen. Diese sind unter anderem die Voraussetzung beim Formen von Gefäßen in Platten- und Wulsttechnik. Da der feuchte Ton auf glatten Oberflächen, wie bei Schulmöbeln, gerne haften bleibt (Adhäsion), ist eine Faserplatte als Arbeitsunterlage nötig. Zum Feuchthalten von Ton am Schülerarbeitsplatz eignet sich ein feuchtes Baumwolltuch. Gleichzeitig kann rissig gewordener Ton im feuchten Lappen wieder geschmeidig werden.

Alternatives Werkzeug
(von links nach rechts):
1 Ritzwerkzeug aus aufgebohrtem Rundstab, in den eine Haarklemme bzw. ein Nagel eingeschlagen wird (s. auch unter 5)
2 Modellierhölzchen
3 Modellierrädchen, (Teigroller)
4 Holzstempel
5 Metall- und Holzstab zum Dekorieren
6 Lochschneider

Alternatives Werkzeug
(von links nach rechts):
1 Schneidedraht, hergestellt aus einer Haselrute und einfachem oder verdrehtem Stahldraht
2 Hölzchen; angespitzte Hölzchen unterschiedlicher Durchmesser
3 Trinkröhrchen
4 Pinzette
5 Ritzwerkzeug, auch für Gipsarbeiten
6 Gabel, zum Aufrauen bei Aufbautechniken
7 Lochstecher (Apfelgehäuseausstecher)

Professionelle Werkzeuge:

Tonabschneider

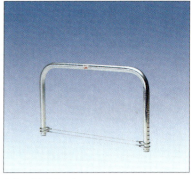

Schneidebügel

Schwamm

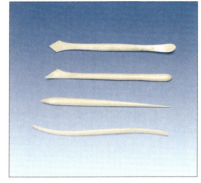

Modellierstäbe

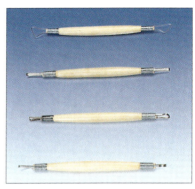

Modellierschlingen

Handschuhe

Glasursieb

Ränderscheibe

Zur Oberflächengestaltung oder zum Ausarbeiten von Details sind Modellierhölzer und Stempel willkommene Werkzeuge und Hilfsmittel. Stempel aus gebranntem Ton oder Gips eignen sich vorzüglich. Stempel können selbst hergestellt werden, so hat jedes Kind sein eigenes Werkzeug. Die Ausgangsform des Gipsstempels muss jedoch gegossen werden, was zur Unterrichtsvorbereitung gehören würde (s. Technischer Hinweis).

Eine Ränderscheibe aus Metall mit hoher Standfestigkeit und guter Drehlagerung eignet sich sehr gut für die Gefäßherstellung, nicht nur bei Aufbauverfahren wie der Platten- oder Wulsttechnik.

Die Arbeit auf einer Töpferscheibe ist für Grundschulkinder nicht geeignet.

Auf das Brennen als krönenden Abschluss einer Tonarbeit sollte auf keinen Fall verzichtet werden!
Keramische Werkstätten, Töpfereien oder Freizeiteinrichtungen von Vereinen brennen ihre Produkte für ein geringes Entgelt. Beim käuflichen Erwerb

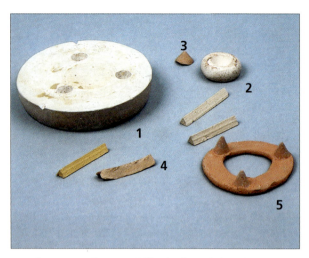

1 und 2 Formen für Brennhilfsmittel Dreifuß und Kegel, 3 Kegel, 4 Dreikantunterlage, 5 Dreifuß

eines Brennofens sollte auf eine vollautomatische Regelanlage geachtet werden. Nach unseren Erfahrungen reicht eine Brennraumgröße von etwa 60 l.

Technischer Hinweis: Frisch gekauften Modelliergips verwenden. Für unsere Zwecke werden Wasser und Gips im Verhältnis von 1:1 ihres Raumvolumens angesetzt (1 Becher Wasser, 1 Becher Gips). Zu beachten: immer den Gips in das Wasser streuen (nie umgekehrt), dabei durch die Finger rieseln lassen! Ca. 20 min sumpfen lassen, danach Gips umrühren (Klumpen vermeiden), zügig in Rahmen gießen und ruhen lassen (Abbindezeit: ca. 30 min). Gipsreste aus dem Gießbehältnis gleich entfernen, auf Zeitungspapier bringen. Niemals in den Ausguss. Rahmen aus Holzleisten am besten auf Glasscheibe legen, außen die Rahmen mit Ton abdichten.

Werkaufgaben – Vorschläge für den Unterricht

Didaktisch-methodische Anmerkungen

Unsere pädagogische Intention im Umgang mit dem Werkstoff Ton ist kindorientiert. Gestützt auf die kindliche Neugier und das Bedürfnis zu spielen, soll weitestgehend selbstständig experimentiert, erkundet und entdeckt werden. Die Aufgabenstellungen beginnen elementar und werden schrittweise erweitert und vertieft. Die Tonkugel steht als ein vollplastischer Körper am Anfang. Wenn wir sie eindrücken, erhalten wir eine Hohlform. Sie führt zum Gefäß, kann aber auch die Fantasie in andere Richtungen lenken (siehe unter „Die Tonkugel wird hohl", S. 33). Bei der Gefäßformung geht es immer darum, die Beziehung zwischen Form und Funktion zu klären: Das kleine Schälchen hat die einfache Aufgabe, etwas aufzunehmen und handlich und griffig zu sein. Dieser Gebrauch ist – fast unbeabsichtigt – in der Formgebung angelegt. Eine Form und der Vorgang ihrer Entstehung können sich aber auch aus der beabsichtigten Funktion entwickeln wie z.B. bei einer Dose (siehe „Gefäße entstehen", S. 48). Dazu muss vorgedacht werden; Werk- und Materialerfahrungen sind dafür unabdingbar. Solch planvolles Gestalten übt und fordert die Vorstellungskraft und bedeutet eine Vertiefung des in vorangegangenen Aufgaben angebahnten Verständnisses für Form und Funktion. Ganz andere Einstellungen werden beim plastischen Gestalten entwickelt. Auch dabei gibt es den Ansatz, von der Kugel auszugehen (siehe unter „Plastisches Gestalten", S.54) oder auch von der Schale (siehe unter „Formen", S.32; „Schildkröten und Muscheln", S.36). Aber die Vorstellungskräfte werden hier stärker auf formale Aspekte wie Höhlung und Wölbung u. a. gelenkt und auf die Umsetzung figürlicher Motive ins Plastische.

Das Experimentieren mit Strukturen und ihren Wirkungen ist ein drittes Feld (s.S.38), das Kinder interessiert. Es findet eine gezielte Anwendung auf dem Gebrauchsgegenstand und der freien plastischen Form, zu der auch das Relief gehört. Schließlich verweisen unsere Aufgaben auf die Vielseitigkeit des Keramischen. Dazu gehört beispielsweise der Klang, der die Keramik kennzeichnet (s. unter „Klangkörper", S. 45).

Die Aufgabengruppen sind ein Vorschlag für eine curriculare Gliederung und setzen mehrheitlich elementar an. Bewusst haben wir in den Beispielen auf die Zuordnung der Klassenstufe verzichtet. Jede erste Begegnung mit einem Werkstoff, mit einem technischen Verfahren oder mit Fragen der Formgebung sollte, unabhängig vom Alter, grundlegend sein; man kann beobachten, dass auch größere Grundschulkinder mit gleicher Intensität elementare Versuche, wie z. B. bei den Formveränderungen zur und aus der Kugel, durchführen, erleben und für sich wichtige Schlussfolgerungen aus dem Umgang mit dem Werkstoff ableiten.

Methodisch ist uns wichtig, dass die Kinder den Ton mit ihren Händen begreifen und beim Formen mit ihm vertraut werden. Sie sollen Probleme erkennen und eigene Lösungen finden. Durch Versuch und Irrtum gelangen sie zu neuen Einsichten und können dabei auch die Vielfalt möglicher Lösungen entdecken. So ist nicht das dabei entstandene Tonprodukt das eigentliche Ziel unserer Bemühungen, sondern die Freude des Erlebnisses auf dem Weg dahin, der mit dem Gewinn an Erfahrungen, Einsichten und Entdeckungen verbunden ist und nicht zuletzt mit dem Erlebnis der Produktivität. Das alles spiegelt sich im Ergebnis wider, so dass dieses zum Nachdenken auffordert.

Bei dem zunächst spielerischen Umgang mit Ton bleibt das Rollen des Tons in den Händen Ausgang für weitere Formveränderungen, z. B. zur Walze. Als eine wichtige Hand- und Fingerübung sensibilisiert sie den Tastsinn und macht den Werkstoff damit sinnlich erfahrbar. Ein Sitzkreis schließt die Gewohnheit vieler Schüler aus, ihre Kugel auf dem Tisch zu rollen.

Zur Materialerkundung gehört die Veränderung des Werkstoffes von formbar über trocken und spröde bis zu steinhart. Das heißt, bereits bei der ersten Begegnung mit Ton sollte der Brennprozess eine Rolle spielen. Der von den Kindern geformte Ton sollte nach dem Trocknen von ihnen selbst in den Ofen eingesetzt und nach dem Brand auch wieder ausgehoben werden können, weil erst mit dem Brennprozess die Arbeit mit Ton ihren krönenden Abschluss findet.

Die prozessorientierte Vorgehensweise verlangt vom Lehrer, Grenzen im Materialeinsatz und in der

Thematik abzustecken. Innerhalb dieser Grenzen sollen die Kinder ihre eigenen Möglichkeiten entdecken. In überschaubaren Schritten werden sie zu Einsichten im Umgang mit dem Material geführt. Indem Neugier geweckt wird, wird Kreativität befördert.

Diese Arbeitsweise verlangt vom Kind auch Ausdauer. Damit es den Mut nicht verliert, sollte jede Aufgabenstellung entsprechend attraktiv und gut motiviert sein. So haben wir bewusst unsere Beispiele in der vorliegenden Reihenfolge gewählt. Die Arbeiten wurden von uns angeregt, die Kinder haben sie mit großer Freude aufgegriffen, variiert, alternativ verändert oder ganz eigene Ideen hervorgebracht. Die Gestaltungsbreite der Endprodukte kann auch ein Beweis dafür sein, dass der Lernprozess wenig lehrerzentriert erfolgte. Trotzdem sollte stets der eigenen, sachlichen Vorbereitung der Unterrichtsstunde und einer guten Arbeitsorganisation Beachtung geschenkt werden. Das kann die praktische Vorbereitung, das Formen des geplanten Teiles einschließen, um im Vorfeld mögliche Schwierigkeiten für das Kind zu erkennen.

Unter der Gestaltung eines Tongegenstandes verstehen wir die Formgebung und die Strukturierung der Oberfläche, einschließlich des Engobierens und Glasierens. An geeigneten Werkbeispielen geben wir dazu Hinweise. Engoben und Glasuren wurden von uns nur sparsam eingesetzt. Es geht uns beim Aufbringen von Glasuren auch nicht um Gegenstandsfarben. Die Farben sollten – hier im künstlerischen Sinne – frei behandelt werden dürfen. So ist es denkbar, die Kinder mit einer Resteglasur, wie sie beim Abwischen des Gefäßbodens anfällt, arbeiten zu lassen. Farbige Tupfer sind ausreichend. Wird die Form des Gefäßes besonders einfach gehalten, könnte dies Farbe herausfordern. Hier können Engoben wie Glasuren gleichermaßen taugen. Zu beachten wäre aber, dass der Einsatz von Engoben zumeist eine farblose Glasur bedingt. Die Auswahl des Tones, seine Farbe und seine Beschaffenheit (Körnung) spielen eine wichtige Rolle. Das hat den Vorteil, dass Kindern auch die unterschiedliche Farbigkeit des Tones vor und nach dem Brand gut erfahrbar gemacht werden kann.

Unsere Unterrichtsstunden enden mit einer Besprechung, die Vergleiche zulässt, Hinweise auf sorgfältiges „Handwerk" gestattet (z. B. keine Blasen im Ton, keine Risse, gutes Schlickern oder gleichmäßige Wandung) und sachliche Wertungen durch die Kinder anregt. Das Bewahren der persönlichen Ausdruckskraft wie das Aufgehen in einer Gemeinschaftsarbeit sollte den Kindern bewusst gemacht werden. Es hilft ihnen, ihr Selbstwertgefühl zu stärken und gleichzeitig einen Gemeinsinn auszuprägen. So versteht sich das Kind als Teil eines Ganzen. Immer sollte es auch mit Grundschulkindern möglich sein, die Fachsprache einzusetzen, d. h. Vorgänge und Materialien (z. B. Schlicker, Engobe) begrifflich klar zu benennen.

Nachstehende Arbeitsmittel sollten zu Beginn der Unterrichtsstunde immer bereitstehen:
– eine Arbeitsunterlage, ca. 300 x 400 mm (günstig ist eine Faserplatte; an Unterlagen mit glatter Oberfläche bleibt der Ton kleben);
– ein Baumwolllappen;
– ein zur Hälfte mit Wasser gefüllter Eimer zum Anfeuchten der Lappen und Säubern der Werkzeuge;
– ein Schneidedraht bzw. eine Drahtschlinge;
– Ablageplatten für die bereits geformten Stücke;
– eine entsprechende Arbeitskleidung, das könnte eine Schürze, ein altes T-Shirt, ein Hemd sein.

Materialerkundung
Kennenlernen unterschiedlicher Erden und Erkunden wichtiger Eigenschaften

◆ **Worum geht es?** Die Kinder sollen unterschiedliche Erden, u. a. Ton, kennen lernen und ihre Eigenschaften untersuchen. Dabei geht es darum, die plastischen Vorzüge des Tons zu entdecken. Wir kennen Erden in trockenem, feuchtem und nassem Zustand. Am wenigsten formbar sind sie, wenn sie trocken sind; wir können dann ihre Oberflächen ritzen; Stücke lassen sich schichten, auch brechen, zerreiben. Sand rieselt durch die Finger zu kegelförmigen Anhäufungen. Trockener Ton kann zu feinem Pulver zertrümmert werden. Wir entdecken, dass trockene Erde Wasser begierig aufnimmt und formbar wird. Das gilt auch für Sand und besonders für die Tonerden. Vor diesem Hintergrund entwickelt sich unsere erste Aufgabe. Sie setzt voraus, dass die Kinder Erfahrungen im Sandkastenspiel haben, auch dass sie beim Umtopfen von Zimmerpflanzen oder bei der Pflege des Grüns im Garten gelernt haben, mit einer weiteren Erde umzugehen.

Kinder denken in einfachen Gegensätzen. Die Bildsamkeit des Tons wird aus dem Kontrast zur trockenen Erde besonders einprägsam erfahren. Zugleich kann die ausschlaggebende Wirkung des Wassers für

Faszination feuchter Sand

die Plastizität erlebt werden. Darum ist es günstig, von den trockenen Erden auszugehen und den Unterricht nach draußen zu verlegen. Zur Vorbereitung für den Unterricht gehören Erde, Sand und Ton in trockenem Zustand.

Was zu beachten ist: Dem Spielbedürfnis des Grundschulkindes entsprechend, werden die Kinder beauftragt, verschiedene Erden auf dem Schulhof zu suchen und zusammenzutragen. Das könnte als Spiel- und Arbeitsübung im Sandkasten der Schule beginnen: Zunächst nehmen sie den Sand, dann die trockenen Erden in die Hand, ertasten und vergleichen sie, nehmen sie also bewusst wahr und sprechen darüber. Später kommt der Ton hinzu. Danach wird der Einfluss von Wasser auf die Bildsamkeit der Erden erforscht. Damit wird dem spielerischen Verhalten des Erkundens und Experimentierens des Grundschulkindes Rechnung getragen. Seine Neugier wird genutzt und gefördert und seine Aufmerksamkeit auf die Lösung der sich anschließenden Aufgaben gerichtet.

Die bereitgestellten Sandförmchen könnten den Handlungsanreiz für die Kinder erhöhen. Sie werden mit den zusammengetragenen Erden gefüllt. Von den gleichen Erden formen die Kinder nun Kugeln. Diese werden jeweils den entsprechenden Förmchen zugeordnet und ebenfalls auf die Ablage gelegt.

Daraus könnten sich Fragen ergeben:
– zum unterschiedlichen Verhalten der Erden beim Lösen aus den Formen;
– zur Formbarkeit der verschiedenen Erden;
– zur Beschaffenheit der Erden nach dem Trocknen nach etwa einer Woche.

Wenn die Kinder erkannt haben, dass Ton im Vergleich zu den anderen Erden zum Formen besser geeignet ist, sollte im weiteren Verlauf nun Ton den Schwerpunkt bilden. Aus dem Mischungsverhältnis von Wasser und Trockenmasse ergeben sich für das Kind unterschiedliche Verarbeitungsmöglichkeiten. So erleben die Kinder bei Zugabe von zu viel Wasser sowohl breiige als auch flüssige Konsistenz. Dieser begegnen sie später beim Anrühren von „Schlicker" wieder. Sie erfahren auch, dass Ton an der Luft und in den Händen trocknet, rissig wird und dass hart gewordener, getrockneter Ton zerbrechlich ist, sich schaben und zerkrümeln lässt. Erst die erneute Zugabe von Wasser macht ihn wieder formbar. Aber erst ausreichend gelagerter, durchfeuchteter Ton ist weich, geschmeidig und gut bildsam.

Soll jedoch die gestaltete und getrocknete Tonform auf Dauer Bestand haben, muss sie gebrannt werden. Die Veränderung des Tons zum festen Scherben den Kindern erfahrbar zu machen, kann ein Höhepunkt der Erkundung sein. Das Ganzheitliche dieses Prozesses vom weichen Tonbatzen zur geschrühten Ware ist als bedeutsamer Unterrichtsschritt anzusehen.

Um erste Erfahrungen der stofflichen Veränderungen zu erleben, wäre es denkbar, einige der in den Vorübungen entstandenen und getrockneten Tonformen für 3 bis 4 Stunden der Glut eines offenen Feuers (z. B. eines Grill- oder Lagerfeuers) auszusetzen.

Nach dem Erkalten können verschiedene Untersuchungen vorgenommen werden. Der Ton ist nach dem Schwarzbrand deutlich verfestigt und löst sich nicht mehr in Wasser auf; die Stoffumwandlung hat begonnen. Die Kinder sollten altersentsprechend Antworten auf ihre Fragen nach der Temperatur, dem Brennprozess und zu den stofflichen Veränderungen bekommen. Ein Tonbrennofen sollte mit seinen Funktionsabläufen vorgestellt werden (siehe Trocknungs- und Brennprozess S. 18).
Die restlichen geformten und getrockneten Tongegenstände werden im Ofen gebrannt. Hier bietet es sich an, diese von den Kindern selbst einsetzen und nach dem Brand herausnehmen zu lassen. Die

Kinder brennen ihre Tonformen im Feuer

Tones spielt seine Zusammensetzung. Tone aus Tonmehl werden als fett bezeichnet, sie fühlen sich glatt und weich an. Sie sind besonders zum Drehen und für plastisches Gestalten geeignet. Magere Tone mit ihrem Zusatz an Schamotte oder Sand u. Ä. fühlen sich sandig und körnig an. Für Aufbautechniken, für das Herstellen von Platten und Kacheln sind sie gut geeignet.

Aus der Struktur des Tones, aus seiner inneren Beschaffenheit, leiten sich wesentliche Eigenschaften ab, wie Bildsamkeit und Schwindung, die u. a. die Unterschiede der Tone kennzeichnen. Ton verringert beim Trocknen sein Volumen z.T. stark, er „schwindet". Um eine ungleichmäßige Schwindung, die das Verziehen des Tongegenstandes oder aber auch Risse verursachen kann, zu verhindern, muss der Ton sorgfältig aufbereitet und gut gemischt sein. So ist magerer Ton formbeständiger als fetter Ton. Er hat jedoch den Nachteil, dass er nicht so bildsam ist wie fetter Ton. Um Kindern diese Eigenschaften des Tones erklärbar und erlebbar zu machen, gibt es eine Vielzahl von Versuchen.

1. Dem mageren und dem fetten Ton werden Proben entnommen und diese nacheinander zwischen Daumen und Zeigefinger zerrieben.
Erkenntnis: Tone sind von unterschiedlicher Beschaffenheit. Im mageren Ton sind körnige Bestandteile zu fühlen.

2. Es werden jeweils aus magerem (S. 31 Abb. a) und fettem Ton (S. 31 Abb. b) Wülste gerollt und diese schlangenförmig gelegt und verdreht.
Erkenntnis: Der Wulst aus fettem Ton lässt sich deutlich besser formen, Risse sind bei diesem erst nach längerer Zeit durch die Oberflächentrocknung erkennbar. Fetter Ton ist bildsamer als magerer.

3. Von jeder Tonart wird eine Kugel geformt und mit dem Schneidedraht getrennt (S. 31 Abb. c).
Erkenntnis: Die unterschiedliche Dichte der Tone ist gut erkennbar, der magere Ton ist grober, die Schamotteteilchen hinterlassen deutliche Spuren und treten z. T. plastisch hervor. Der fette Ton ist glatt und weich.

4. Von jeder Tonart wird eine Kugel geformt und in je ein mit Wasser gefülltes Glas gelegt. Zu einem weiteren Vergleich sollte eine durchgetrocknete Kugel in ein Glas mit Wasser gegeben werden. Die Beobachtung dazu könnte in einem kleinen Protokoll festge-

Ofeninnentemperatur muss inzwischen wieder in der Nähe der Raumtemperatur liegen; die gebrannte Ware sollte, wenn möglich, noch nicht gänzlich erkaltet sein. So kann den Kindern eine Ahnung von dem Geschehen vermittelt werden.
Erkenntnis: Die Kinder haben den Umgang mit Ton bewusst erlebt und erfahren. Sie haben dabei erkennen können, dass Wasser Einfluss auf die Bildsamkeit hat und dass der Ton zum Formen feucht und schmiegsam sein soll. Getrockneter Ton verwandelt sich in einem Brennprozess zu einem dauerhaft festen Scherben, der in Wasser nicht mehr löslich ist.

Zusätzliche Arbeitsmittel: Trockener Sand, „Erden" aus dem Garten, vom Schulhof. Tonpulver (evtl. auch bereits aufbereiteter Ton), Sandspielzeug, kleine Gefäße zum Verrühren der Erden mit Wasser.

Weitere Beispiele zum Erkunden der Eigenschaften von Ton

Erst beim Arbeiten mit Ton stellt man seine z. T. recht unterschiedliche Beschaffenheit fest und lernt dabei auch seine „Tücken" kennen. So ist für das Gelingen einer Arbeit u. a. der Feuchtigkeitsgehalt des Tons von Bedeutung. Ist er zu feucht, klebt er schmierig an den Fingern, ist er zu trocken, reißt er. Nur ausreichend gelagerter (gemaukter) und damit gut durchfeuchteter Ton lässt sich auch gut formen. Eine weitere Rolle beim Einsatz und bei der Auswahl des

Wülste aus magerem (a) und fettem Ton (b)

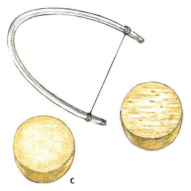

Trennen des Tones mit dem Schneidedraht

Feuchter unschamottierter Ton   Trockener Ton

halten und nach einer, evtl. nach einer zweiten Woche weiter verfolgt werden (Abb. d und e).

Erkenntnis: Fetter Ton ist dichter, er ist gesättigter und lässt kein oder nur wenig Wasser eindringen. Die Kugel bleibt lange in ihrer Form erhalten.

Bei magerem Ton dringt das Wasser in die Poren ein, die Kugel zerfällt. Trockener Ton zerfällt im Wasser in wenigen Minuten.

5 Über einem Sandförmchen (besser über einer Gipsform) wird jeweils fetter und magerer Ton abgeformt und etwa eine Woche stehen gelassen.

Erkenntnis: Ton verringert beim Trocknen sein Volumen, er „schwindet". Da das Sandförmchen formstabil bleibt, reißt der Ton deutlich ein, der fette Ton stärker (Abb. f).

6. In ein Sandförmchen wird jeweils fetter und magerer Ton eingeformt. Nach ca. einer Woche werden die Proben entnommen (Abb. g).

Erkenntnis: Sie sind deutlich kleiner als die ursprüngliche Form. Beim genaueren Betrachten fällt auf, dass die Form aus fettem Ton eine größere Schwindung aufweist.

7. Der getrocknete Ton ist zerbrechlich; im Wasser löst er sich auf. Was geschieht, wenn er großer Hitze ausgesetzt wird? Bevor wir das Tonstück in den Brennofen geben, umfahren wir auf einem Blatt Papier die Umrisse der Form (Abb. h).

Nach dem Schrühbrand wird die Figur erneut auf die umfahrene Form gelegt.

Erkenntnis: Nach dem Brennprozess ist der Ton fest, d. h., er ist formbeständig und löst sich im Wasser nicht mehr auf. Der gebrannte Scherben ist etwas kleiner als der Bleistiftumriss der nur getrockneten Form. Ton verringert also auch beim Brennen weiter sein Volumen, d. h., er schwindet.

Formen

Spiel mit Kugeln

*Rollen – Stauchen – Drücken:
Perlen für meine Kette?*

◆ **Worum geht es?** Die Kinder haben bei der Materialerkundung den Werkstoff Ton kennen gelernt und bereits grob mit ihm geformt. Im Vorschulalter haben manche von ihnen auch mit anderen formbaren Massen, wie Knete und Wachs, gearbeitet, ganz sicher auch mit Schnee und Sand geformt. So haben sie Vergleichsmöglichkeiten.

Um den Kindern Sicherheit im Umgang mit dem Werkstoff zu geben, ist es günstig, sie von Beginn an die erforderlichen Arbeitsschritte selbst ausführen zu lassen. Dazu gehört auch das Einrichten, Säubern und Aufräumen des Arbeitsplatzes. Wir wollen erleben, wie aus der ungeformten Tonerde ein kleines Schmuckstück, eine Perlenkette entstehen kann.

Was zu beachten ist: Jedes Kind richtet seinen Arbeitsplatz selbstständig ein. Dazu nimmt es eine bereitgelegte Faserplatte und einen Baumwolllappen. Der Lappen wird im Eimer angefeuchtet und auf die Unterlage gelegt. Vom Tonbatzen schneidet sich jedes Kind mit dem Schneidedraht eine etwa handgroße Portion ab und lagert sie im feuchten Tuch am Platz.

Davon wird ein handliches Tonstück abgetrennt und durch gleichmäßigen Druck zwischen den Händen – zunächst ohne visuelle Kontrolle – zur Kugel geformt. Beim Formen von Kugeln achtet der Lehrer auf das Formen zwischen den Handflächen.

Rollt das Kind den Ton auf der Unterlage, wird es durch den ungleichmäßigen Druck keine exakte Kugelform ausrollen können!

Die Kugel ist Ausgangspunkt für das Rollen weiterer Kugeln, die größer, kleiner oder gleich groß geformt und in Beziehung zueinander gesetzt werden, Reihungen und Ordnungen ermöglichen. So kann das Kind mit seinen Kugeln spielen, sie vergleichen, neben- oder übereinander setzen und Ideen zur Anordnung entwickeln.

Wenn die Kinder ihre Kugeln über die Unterlage rollen lassen, entdecken sie Veränderungen an deren Formen: Ist der Ton noch gut weich und feucht, kann die Kugel sich deformieren, wird sie geworfen, plattet sie an der Aufwurfstelle ab. Auf ihrem Weg nimmt die Kugel auf, was auf der Unterlage liegt (z. B. kleine, bereits getrocknete Tonkrümchen). Sie drückt aber auch die Struktur eines Gewebes (z. B. Jute) an sich ab. Darüber sollte mit den Kindern gesprochen werden. Weitere interessante Entdeckungen können sich anschließen: die Kugel im Sand zu wälzen, in Sägespänen…; wie wird die Kugel nach dem Brand aussehen? So werden die Kinder neugierig und mit Spannung die nächste Stunde erwarten.

Sollen die Kugeln als Perlen aufgefädelt werden, demonstriert der Lehrer mit einer Hohlform (z. B. einem Trinkröhrchen) das vorsichtige Durchstechen und sorgfältige Verstreichen der Kugel. Deformiert sich dabei die Kugel und gerät ungewollt zur Walze, so könnten die Kinder diese Formveränderung jetzt bewusst erleben, indem sie nun, auch auf der Unterlage, die Kugelform rollen. So werden sie bekannt gemacht mit einer weiteren Grundform – der Walze. Wieder durchbohrt, ergibt sie bereits ein erstes Formenmuster und ein weiteres Kettenglied. Wenn sie nun – sehr vorsichtig – eine Kugel mit dem Handballen auf die Unterlage drücken, so erhalten sie eine weitere abgeplattete Form, die Scheibe. Die Kinder können weitere Formveränderungen, z. B. durch vorsichtiges punktuelles Drücken, selbst entdecken. So werden eiförmige oder tropfenförmige Perlen entstehen, die in ihrer Vielfalt die Kette reizvoll erscheinen lassen. Häufig kommen die Kinder von sich aus darauf, mit dem Trinkhalm, aber auch mit angespitzten Hölzchen oder einem Baustein kleine Dekore aufzudrücken.

Erlebt das Kind beim Formen, dass die Kugel rissig zu werden beginnt, so legt es sie für kurze Zeit in das feuchte Tuch und formt mit frischem Ton weiter. Hat es den Ton aus dem feuchten Tuch wieder entnommen, erfährt das Kind, dass sich die Oberfläche

Mögliche Variante:
Schmetterlinge – aus Kugel- und Kegelform gedrückt

feucht anfasst und mit den Händen die Risse geglättet werden können. In einer abschließenden kurzen Besprechung können die Kinder zu ihren Ergebnissen sprechen, sie vergleichen und werten.

Es ist günstig, wenn jedes Kind eine kleine Platte (Gips - oder Spanplatte) für seine Formen erhält. Sind diese nummeriert, können die Arbeiten nach dem Trocknen jeweils in einen ebenfalls nummerierten (mit Engobe) Blumentopf gegeben und gebrannt werden. Damit ist ein Vertauschen ausgeschlossen.

Kugel zwischen den Handflächen formen

Ergebnis: Die Kinder haben in dieser Doppelstunde die vielfältigen Formveränderungen aus der Kugel durch die Beweglichkeit ihrer Hände erleben können. Ihr Erfahrungswert bestand auch darin, dass „misslungene" Formen korrigierbar waren, d. h. die Arbeit am gleichen Stück neu begonnen werden konnte (nachdem es eine Zeit im feuchten Tuch verblieben war). An die Erfahrungen dieser Stunde wird zu Beginn der folgenden Unterrichtsstunde angeknüpft, indem die gebrannten Arbeiten gemeinsam betrachtet, die Veränderungen des Tones wahrgenommen und die kleinen Formen zu einer Perlenkette aufgefädelt werden.

Vielleicht aber könnte alles – aufgefädelt – auch eine kleine Raupe sein? Hier werden die Kinder ihre Ideen einbringen können.

Zusätzliche Arbeitsmittel: ein Hubel Drehton, Trinkröhrchen, trockener, feiner Sand, Sägespäne, Gewebe, z. B. Jute.
Geplante Unterrichtszeit: 1 Doppelstunde.
Raum: möglichst Fachraum für Werken.

Die Tonkugel wird hohl

Von der Halbkugel zur Schale – ein Schälchen wird gedrückt

◆ **Worum geht es?** Die folgende Arbeit des Aufweitens der Kugel durch Drücken erfordert vom Kind bereits intensive, konzentrierte Arbeit mit dem Material. Entscheidend für die gleichmäßige Ausformung zur Schale sind der Druck und Gegendruck der Finger sowie die Beweglichkeit der Hände beim Drehen und das Tastempfinden. Dazu liegt der zu formende Ton in den Händen, nicht auf der Arbeitsfläche. Die Daumen werden beim Ausformen zur Drehachse. Mit ihrer Hilfe und den gegendrückenden Fingern wird die Wandung vom Kind bewusst wahrgenommen und eine Gleichmäßigkeit von Wand- und Bodenstärke angestrebt. Durch den unterschiedlichen Druck ihrer Finger formen die Kinder ein sich nach oben mehr schließendes oder sehr weit ausladendes Schälchen. Diese ersten gestalterischen Erfahrungen nutzen sie beim unterschiedlichen Anordnen der Schalen zueinander. Das aus der Kugel geformte Schälchen bedarf noch einer Standfläche. Von den Kindern eingebrachte Ideen dazu sollten genutzt und die Gefäße auf ihren guten Stand hin überprüft werden. Die Kinder lernen, einer geschaffenen Form eine Standfläche zu geben.

Aus der halbierten Kugel werden Schälchen

Die Schälchen werden aufeinander gesetzt

Was zu beachten ist: Die Kinder formen zwei etwa gleich große Kugeln. In vorangegangenen Unterrichtsstunden haben sie bereits Kugeln verformt. Das sensible Reagieren des Werkstoffes auf den Druck der Hände haben sie dabei erfahren können. So erleben sie nun eine weitere Verformung: Eine ihrer Kugeln wird mit kurzem Wurf auf die Unterlage (möglichst auf ein Tuch) fallen gelassen. Die Kugel ist nun gestaucht.

An der entstandenen Abplattung drehen sich die Daumen langsam in den Ton, während die Finger beider Hände von unten gegendrücken. Damit verändert sich allmählich die Wandungsstärke – sie wird dünner. Das Schälchen weitet sich auf.

Während einzelne Kinder den gerundeten Boden bestehen lassen, geben andere von sich aus dem Schälchen eine Standfläche durch Stauchen. Diese Entscheidungen könnten zum Anlass einer kurzen Betrachtung über die Bedeutung einer festen Standfläche genommen werden.

Das Aufweiten der Kugelform sollte den Schülern ganz besonders als sinnliche Erfahrung nahe gebracht werden. Denkbar wäre, sie bei geschlossenen Augen die Formveränderung von Gefäßraum und Wandung erleben zu lassen: In einer ruhigen, entspannten Atmosphäre formen sie nur mit den Händen und erleben so innig und nachhaltig den Werkstoff. So erfahren sie unmittelbar eine seiner wichtigsten Eigenschaften, die Plastizität.
Erst danach sollten Korrekturen, z. B. an der Schalenform, vorgenommen werden – so könnte der Rand auf gleiche Höhe gebracht werden, indem das Schälchen umgedreht und leicht auf die Unterlage gedrückt wird. Die durch die Wärme der formenden Hände entstandenen Risse können beseitigt werden,

indem das Schälchen für kurze Zeit in das feuchte Tuch gehüllt wird. Im Anschluss können die Finger sanft über den Ton streichen und ihn glätten. Andererseits kann die so geformte, an den Rändern rissig erscheinende Schale sehr reizvoll und für das Kind als erste, selbst geformte Arbeit von besonderem Wert sein. Ist auch das zweite Schälchen geformt, können die Kinder – jedes für sich – ihre beiden Schälchen in Beziehung zueinander bringen: Ein weit geöffnetes Schälchen sitzt auf einem mehr geschlossenen auf oder umgekehrt. Man könnte sie auch zur Kugel schließen oder ineinander stellen.

Bei dieser Arbeit ist zunächst die Ausprägung der Form wichtig, eine Strukturierung muss hier noch nicht erfolgen. Haben einzelne Kinder bereits Fingerspuren in die Schälchen gedrückt, könnte das aufgegriffen und mit allen besprochen werden. Zur ganz persönlichen Kennzeichnung kann das Kind das Muster einer seiner geschrühten Perlen auf dem

Dekor an Innen- und Außenwand

Schalenboden abrollen. Der Lehrer hat für die Kindergruppe günstigerweise einen Tonstempel bereit, der mit einer dem Kind zugedachten Zahl ergänzt werden kann. Damit ist ein Vertauschen der Arbeiten nicht möglich.

Kriterien für die abschließende Betrachtung sind annähernd gleiche Wandstärke zwischen Boden und Wandung, gute Standfestigkeit, sorgfältige Verarbeitung (Vermeidung von Rissebildung) und eventuell auch die Gestaltung des Gefäßrandes.

Ergebnis: Die Schüler haben gelernt, mit ihren Fingern eine Kugel aufzuweiten, und haben so eine Formveränderung unmittelbar erlebt. Sie haben die Beweglichkeit ihrer Hände und deren Wirkung auf den Ton erfahren. Und sie haben bewusst erlebt, dass die Finger die Stärke der Wandung ertasten können. Die Erkenntnis, dass sich die Schälchen aufgrund des für alle Kinder gleichen formgebenden Verfahrens ähneln, hat den Wunsch geweckt, die Gefäße durch ein individuelles Zeichen kenntlich zu machen.

Zusätzliche Arbeitsmittel: ein Hubel Drehton, Perlen zum Mustern aus vorangegangener Unterrichtsstunde oder kleine Formen, wie Stäbchen, Hölzchen, Naturmaterial; evtl. auch selbst hergestellte Tonstempel.

Aufgewendete Unterrichtszeit: 1 Doppelstunde.

Eine Schale und viel Obst

Mit diesem Arbeitsbeispiel werden vielfältige Formerfahrungen aus dem Spiel mit Kugeln wiederholt und weitere hinzugefügt. Nach dem Ausformen der Schale kann zum ersten Mal bewusst ein Dekor aufgesetzt werden. Dazu verwenden die Kinder ihre selbst gefertigten Tonstempel. Sie erfahren, dass bei einer weit ausladenden Form das Dekor – ein sich wiederholendes Muster – innen, bei einem sich mehr schließenden Schälchen das Dekor besser außen aufgesetzt werden kann, weil es ja gut sichtbar sein soll (s. Abb. S. 34).

Kugeln werden zu allerlei Obst und Gemüse verformt. Dabei kommt es auf die Vielfalt an Formen an; das sollte mit den Kindern besprochen werden, auch wenn man davon ausgehen kann, dass Kinder sich in diesen Dingen auskennen. Auch der Weg von den geometrischen Grundkörpern der Kugel, der Walze, dem Kegel zu den organischen Formen der Früchte sollte bewusst gemacht werden. Mit dem Vordenken

Schälchen mit Obst

entwickeln sich die Vorstellungen vom Arbeitsprozess und von seinem Ergebnis. Es ist ein Spielgegenstand; die Schale lässt sich leeren und wieder füllen. Die Aufgabe kann auch zur Kleinplastik führen. Dann werden Obst- und Gemüseformen fest im Schälchen verbleiben, der Schalenboden ist mit etwas Schlicker zu bestreichen und die Obst- und Gemüseformen werden leicht hineingedrückt! Nach dem Schrühen können die Schälchen samt Inhalt in eine Resteglasur getaucht und glattgebrannt werden. Denkbar wäre aber auch, die Kinder mit Engobe vertraut zu machen. Mit zwei, höchstens drei verschiedenen Engoben könnten die Kinder ihre Formen farblich gestalten, wobei ein naturalistisches Herangehen nicht erforderlich ist und auch nicht erwartet werden sollte. Die Kinder werden dabei entdecken, dass die Engoben im Brand ihre Farben verändern und zusammen mit einer farblosen Glasur brillant erscheinen.

Ein umgedrehtes Schälchen – was könnte es werden?

Die von den Kindern geformten Schälchen regen zum weiteren Gestalten an. So könnte z. B. ein Schälchen, auf den Kopf gestellt, d.h. mit seinem Rand aufgelegt, Vorstellungen an den Panzer einer Schildkröte wecken. Hier dürfte der Lehrer auch nachhelfen, indem das Schälchen leicht angehoben und zum Wandern gebracht wird. Fragen, wie das Ansetzen von Kopf und Beinen oder das Strukturieren des Panzers, werden mit den Kindern besprochen. Zwei Vorgehensweisen werden im Folgenden vorgestellt.

1. Beispiel: Sind aus vorangegangenen Unterrichtsstunden einige geschrühte Schälchen vorhanden, so eignen sie sich sehr gut als Halt für das vom Kind neu

Schildkröte auf Wanderschaft

zu formende Schälchen. Es wird auf das geschrühte Schälchen aufgesetzt und für eine beabsichtigte Struktur grobes Gewebe, vielleicht auch ein Netz, darüber gelegt. Mit einer kleinen Leiste klopft das Kind nun leicht das Gewebe in den Ton – beim Abnehmen des Gewebes hat sich die Struktur deutlich abgedrückt. Der so entstandene „Panzer" wird abgehoben und noch ein wenig in die gewünschte Form gedrückt. Tonwülste, ebenfalls aus der Kugel geformt, werden als Füße und Kopf unter den Panzer gesetzt, gut geschlickert und angedrückt. Mit einem Klötzchen können die Füße gedrückt werden. Mit den Händen lassen sich die Beine in „schwimmende" oder sich vorwärts bewegende Lage drücken. Die Gestaltung des Kopfes, evtl. der „Ausdruck" der Tiere, wird mit den Kindern ebenfalls besprochen. Ihre Vorschläge setzen sie an der eigenen Schildkröte um. Dabei werden sie sich an die Höhlungen von Augen erinnern und zwei kleine Kügelchen aufdrücken. Auch sie geben dem Tier den individuellen, unverwechselbaren Charakter, den das Kind damit

zum Ausdruck bringen wollte. Im abschließenden Gespräch können sie ihre Tiere entsprechend beschreiben.

2. Beispiel: Eine andere Möglichkeit besteht darin, den Panzer der Schildkröte in eine Gipsform drücken zu lassen, die mit einem Netz ausgelegt ist. Dazu sollten mehrere unterschiedlich große Gipsformen zur Auswahl bereitstehen. Je nach Größe der eingelegten Kugel und der praktischen Wandstärke können aber auch aus einer Form differenzierte Ergebnisse möglich werden (zum Gips s. S. 26).
Gleich hilfreich können aus Ton geformte und geschrühte Mulden sein. Die anschließende Arbeit des Ansetzens und Gestaltens von Kopf und Beinen übernimmt jedes Kind individuell wie im ersten Beispiel beschrieben.

Technischer Hinweis: Wenn das feste Verbinden von Tonteilen mit Schlicker für die Kinder neu ist, muss es sehr genau und eindringlich vorgeführt werden. Um die Bedeutung des Schlickers hervorzuheben, kann den Kindern die feste Verbindung zweier Tonteile an einem Beispiel (bereits getrocknet und/oder geschrüht) gezeigt werden. Zum Anrühren des Schlickers verwendet man am besten bereits getrockneten Ton der gleichen Tonsorte. Man erspart sich das anschließende Reinigen von Gefäßen, wenn die Kinder aus feuchtem Ton eine Kugel formen und diese zum Schälchen aufweiten. Dorthinein wird Schlicker abgefüllt.
   Am Ende drücken die Kinder ihre Schlickergefäße zu einem großen Klumpen zusammen. Er wird aufbereitet und steht beim nächsten Mal wieder zum Formen bereit. Nach dem Trocknen werden die Schildkröten zunächst bei 900 °C geschrüht und anschließend mit einer Glasur übergossen.
   Nach dem Glattbrand werden noch einmal alle Tiere zusammengestellt und verglichen. Dabei könnte auch über die Wanderung der kleinen Schildkröten zum Meer gesprochen werden.

 Zusätzliche Arbeitsmittel: grobes Gewebe wie Netze, ein Bauklotz, Gips- oder Tonformen.

*Zwei gleiche Schälchen –
was könnten sie werden?*

◆ **Worum geht es?** Die Kinder haben gelernt, Kugeln zu kleinen Schalen aufzuweiten. Dies wird zum Anlass genommen, sie eine größere Kugel formen zu

Prägen des Panzers mit Netzgewebe in einer Gipsform

lassen, die sie anschließend mit dem Schneidedraht halbieren. Aus den beiden Hälften sollen nun möglichst gleich große Schälchen geformt werden.

Aus der Vielzahl von Möglichkeiten einer Bestimmung, beim In-Beziehung-Setzen der beiden Schälchen zueinander kann die Form einer Muschel gefunden werden. Dazu kann die Geschichte einer Perlmuschel anregen.

„Beim Aufnehmen ihrer Nahrung schnappte die Muschel eines Tages ein Sandkörnchen. Dieses rieb und rieb und sie wäre es gern wieder losgeworden. Weil sie keine Hände hatte, mit denen sie das Körnchen hätte auswischen können, umhüllte sie das Sandkorn mit ihren Tränen – und dabei wuchs in ihr eine prächtige Perle."

Die Muschel

Was zu beachten ist: Mit den Kindern könnte das Strukturieren der beiden Muschelhälften besprochen werden. Sie lernen die Wirkung eines Kantholzes kennen, wenn es in den feuchten Ton gedrückt wird. So nehmen sie eines der Schälchen in die eine Hand und drücken mit der anderen Hand das Kantholz längsseitig über der Halbschale ab. Danach legen die Kinder die strukturierte Hälfte auf die Unterlage und drücken sie vorsichtig mit Daumen und Zeigefinger zur Muschelform. Die als kleine „Perle" zu formende Kugel sollte jetzt von den Kindern bereitgelegt werden. Denkbar wäre, sie in feinem Sand (das könnte Seesand sein) zu wälzen. Dies erinnert die Kinder an die Ausgangsgeschichte, hilft aber auch gleichzeitig, dass die „Perle" später in der Muschel nicht festbrennt.

Nach dem Strukturieren der zweiten Schale könnten die Kinder Möglichkeiten aufzeigen, wie die beiden Hälften miteinander verbunden werden können. Die Wirkung des Schlickers und seine Bedeutung für ein gelungenes Endergebnis haben sie bereits erfahren. So tragen sie ihn auf einer Muschelhälfte auf

und drücken die zweite Hälfte vorsichtig auf. Zuvor wurde die „Perle" eingesetzt und Vermutungen über ihre Wirkungen geäußert. Da an dieser Stelle der Klang noch nicht wahrnehmbar ist, wird er nicht besprochen. Die Kinder erleben ihn erst nach dem Schrühen. Die beiden Muschelhälften werden zum Schluss gut miteinander verstrichen. Sie werden aber nur so weit zusammengedrückt, dass die „Perle" nicht „entweichen" kann, für die Kinder aber noch sichtbar bleibt. Achtung: Eingeschlossene Luft dehnt sich im Brand aus und sprengt die Form, auch deswegen ist eine Öffnung notwendig. Wer die Muschel später auffädeln und als Schmuck tragen möchte, durchsticht sie vorsichtig mit einem Röhrchen. Sind die Muscheln gut getrocknet, werden sie geschrüht und anschließend im Glattbrand bei ca. 1050 °C gebrannt. Ein Glasurauftrag wäre denkbar, ist aber nicht erforderlich. Der Ton der Perle erklingt ohne Glasur heller!

Zusätzliche Arbeitsmittel: ein Hubel Drehton (er klingt heller nach dem Brand als schamottierter Ton), ein Kantholz oder Bauklotz, ein Trinkröhrchen, feiner Sand (Seesand, wenn vorhanden), Schlicker von der gleichen Tonsorte in selbst geformten Schälchen (s. S. 36).

Aus Schälchen entstehen Bäume, dazwischen werden aus einer Kegelform abgetrennte Scheiben als „Stamm" geschlickert.

Abdrücke im Ton und andere Formen der plastischen Flächengestaltung

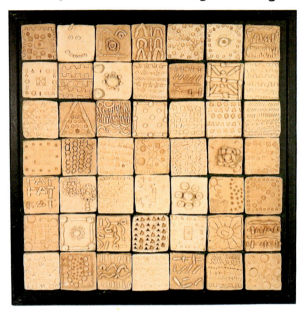

Strukturtafel 1

Strukturtafel 2

Strukturen im Ton

◆ **Worum geht es?** Jede mechanische Einwirkung auf den feuchten oder lederharten Ton hinterlässt Spuren. Schon das Portionieren des leicht schamottierten Tones mit einer Drahtschlinge führt zu Kratzspuren durch die Körnung und die Spuren des ver-

drillten Drahtes werden sichtbar. Beim Umgang mit dem Ton haben die Kinder sehr schnell und unbeabsichtigt die eigenen Finger abgedrückt. Auch die feuchte Stoffunterlage hinterlässt eine interessante Struktur. Diese „Eindrücke" und Erfahrungen regen zu bewussten Untersuchungen an. So wären der Einsatz verschiedener Stempel, bei den Fingern angefangen, und die Abdrücke verschiedener Naturmaterialien zu untersuchen, und jedes anderen flächigen oder linearen Materials wie Fäden und Schnüre (s. Seite 46). Stempel könnten die Kinder selbst herstellen und sich auf diese Weise ihre persönlichen Werkzeuge schaffen. Naturmaterialien könnten sie selbst suchen – auch das wäre ein Prozess der Identifikation mit der gestellten Aufgabe.

Wichtig ist, dass die Kinder zu bewusstem Gestalten angeregt werden. Das geschieht durch die Begrenzung der Mittel; sie führt die Kinder zu der Einsicht, dass beim Einsatz von nur wenigen Hilfsmitteln durch Wechsel und Wiederholung, Dichte und Weite, Reihung und Streuung Ordnungsprinzipien entstehen, die unendlich reichhaltig variiert werden können, zumal die Wechselwirkung von erhaben und vertieft hinzutritt. Kinder lernen so, ihren Tonoberflächen ein durchdachtes Formengefüge zu geben. Sie erfahren dabei, dass jegliche Gestaltung mit dem Material einen ästhetischen Anspruch hat. So erhalten sie beim Experimentieren Gelegenheit, ihr ästhetisches Wahrnehmen zu entwickeln. Dabei werden sie z.B. erkennen können, dass nicht jede Oberfläche mit einer Vielfalt von Strukturen überzogen werden muss, um zu einer Bildaussage zu kommen.

Sie entspricht mit ihrem experimentellen Charakter und ihrer Nähe zum Ornament kindgemäßem Gestalten.

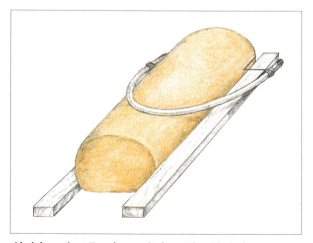

Abziehen einer Tonplatte mit dem Schneidedraht

Strukturtäfelchen aus Tafel 1

Strukturtäfelchen aus Tafel 2

Sie bereitet auf das Dekorieren von Gefäßen, Klangkörpern oder auch von Plastiken vor. Die einzelnen Täfelchen können auch zu einem Wandbild gefügt werden und so in eine Gemeinschaftsarbeit einmünden (s. Abb. S. 38).

Was zu beachten ist: Die Kinder können bereits mit dem Schneidedraht Ton vom Hubel abtrennen. Sicherlich ist ihnen auch das Auswellen von Kuchen- und Plätzchenteig bekannt. Es lässt sich leicht auf die Arbeit mit Ton übertragen. Anders als Teig wird der Ton jedoch zwischen Kanthölzern ausgewellt. Man kann aber auch den Tonhubel zwischen zwei Kanthölzer legen, den Schneidedraht fest auf beide Hölzer drücken und den Draht parallel zur Tischfläche durch den Hubel ziehen. Nach dem Abheben des Resttones liegt zwischen den Kanthölzern eine gezogene Platte. Die Stärke der Kanthölzer entspricht der gewünschten Stärke der Tonfläche. Wenn der Finger als Stempel erfahren wurde, können

Holzstempel und Mohnkapsel

Selbst gefertigte Tonstempel werden auf einer Platte ausprobiert

Tonstempel und Rollsiegel

Stempelwerkzeuge die Aufgabe erweitern. Im Lernbereich „Holz" können dazu Rund- und Vierkantleisten mit Feilen bearbeitet werden. Im feuchten Ton werden sie begleitend zur Bearbeitung abgedrückt und auf ihre dekorative Ausdruckskraft geprüft. Ebenso leicht lassen sich Tonstempel formen und nach dem Schrühen einsetzen (s. Abb.). Dabei empfiehlt es sich, Drehton walzenförmig auszurollen und beide Enden zu strukturieren, beispielsweise mit einem Kantholz einzukerben oder mit Rund- und Hohlformen zu vertiefen.

Die Kinder probieren zunächst auf einer ersten Fläche ihre Finger aus. In einer anschließenden gemeinsamen Betrachtung werden die Gestaltungskriterien aufgespürt, die von den ersten Ergebnissen abzulesen sind und die später bei der Arbeit mit den Stempeln, mit den Naturmaterialien und den anderen Fundstücken bewusst angewendet werden sollten.

Die zur Ausgestaltung vorgesehene Fläche wird nach Länge und Breite ausgemessen und entsprechend der Schülerzahl aufgeteilt. Beim Trocknen und Brennen schwindet der Ton, man sollte eine geringe Zugabe (etwa 10%) beachten. Die Schmuckkachel selbst wird erst nach dem Gestalten entsprechend der Maßvorgabe mit einer Schablone oder mit Lineal und Messer begradigt. Damit wird die beim Eindrücken von Stempeln an den Rändern der Tonplatten zu beobachtende Materialverdrängung ausgeglichen.

Schnell arbeitende Kinder stellen eine zweite Kachel her. Bruch beim Transport oder Schäden beim Brennen lassen sich so ausgleichen und der Erfolg für das Gesamtvorhaben bleibt gesichert.

Die Einzeltafeln werden zu einer großen Wandfläche zusammengesetzt. Mit Sägemehl vermischter Holzkaltleim bindet die Tontafeln fest auf einer Platte (s. Abb.). So können sie im Klassenzimmer oder im Schulhaus zum Blickfang werden.

In Abstimmung mit dem Lehrer im Fach Kunst kann fächerübergreifend gearbeitet werden. So können bildhafte Reliefs im Kunstunterricht grafisch erarbeitet und im Werkunterricht in Ton oder Gips übertragen werden.

Ergebnis: Durch Eindrücken, Ziehen, Schieben oder Ritzen ist dem Kind die Gestaltung bewusst geworden und es wird angeregt, die eigene Arbeit kritisch zu betrachten, Überfrachtungen zu erkennen und sparsam mit Ausdrucksmitteln umzugehen.

Abformen

Stempeln ist ein direktes Verfahren; der abzubildende Stempel drückt sich in den Ton. Beim Abformen wird dagegen die Tonmasse auf die abzuformende Struktur oder sonstige flächige Form gedrückt. Da es sich in der Regel um größere Flächen handelt, kommt es auch auf das Material der abzubildenden Form an; poröse unglasierte Keramik ist gut geeignet, vor allem aber Gips, der dem Ton das Wasser zügig entzieht. Mit geringem Aufwand kann man hier große Wirkung erzielen. Selbst hergestellte Werkzeuge reichen aus.

In kleine Gipsplatten, die zuvor gegossen wurden, wird zunächst zur Kennzeichnung der Name des Kindes bzw. sein Monogramm seitlich in die Platte geritzt. Das geschieht mit einem einfachen Ritzwerkzeug. Ein erster Tonabdruck lässt die Kinder die Entdeckung des Spiegelverkehrten machen – ihr Name erscheint seitenverkehrt. Gleichzeitig erkennen sie die plastische Wirkung ihrer Form; je tiefer sie gekratzt haben, umso erhabener treten die Buchstaben heraus. Zunächst werden sehr einfache Formen als Umriss in den Gips geritzt. Mit Hilfe einer Haarklemme, in einen Rundstab gesteckt, oder einer Münze wird nun der Gips herausgearbeitet. Dabei ist es günstig, den Körper plastisch auszuformen um

Erhaben und vertieft

Abformen eines von Kindern plastisch in den Gips gekratzten einfachen Motivs

über die Wirkung des dekorativen Ritzens hinauszugehen. Das geschieht zunächst von der Mitte aus. Die Kinder können während des Auskratzens immer wieder Abformungen machen, um die Wirkung ihrer Arbeit zu erleben. Auch hier ist ihre Abform spiegelverkehrt. Zum Schluss werden kleine Tonklumpen über den vertieften Formen ausgewalzt und anschließend entweder kreisförmig oder rechteckig ausgeschnitten. Angefertigt wurden die Platten von einer 3. und 4. Jahrgangsstufe.

⬡ Zusätzliche Arbeitsmittel: Ritzwerkzeuge (siehe S. 24), vorbereitete Gipsplatten, ca.12 x 12 cm (s. dazu auch S. 26), auch Münzen funktionieren als Werkzeuge. Der abgebundene Gips hat nach einer Woche die geeignete Härte zum Ritzen und Schneiden erlangt.

Erhaben und vertieft

Negativformen erscheinen durch erneuten Abdruck als Positivform. Hier setzen zunächst die Finger Vertiefungen, in die dann als Stempel allerlei Knöpfe eingedrückt wurden. Von der geschrühten Negativform drückte sich das Kind eine zweite Form, die Positivform ab (s. Abb. S. 41).

⬡ Zusätzliche Arbeitsmittel: Well- oder Nudelhölzer; Kantholzpaare in der Stärke von 10 bis 20 mm, etwa 300 mm lang, Messer/Modellierhölzer oder angespitzte Holzstäbchen; leicht schamottierter Ton; Holzstempel, Schrauben, Knöpfe, Naturmaterial (z. B. eignen sich verholzte Mohnkapseln ausgezeichnet zum Strukturieren).

Herbstzeit – Blätterzeit – ein Blätter-Relief

Dazu könnte eine kleine Exkursion die Kinder auf den Schulhof (einen nahe gelegenen Spielplatz, einen Park…) führen. Hier werden verschiedene Blätter gesammelt und den Bäumen zugeordnet.
Dabei wäre die Größe der Blätter zu beachten; Kastanienblätter, Blätter der Platanen und ähnlich große Blätter könnten vielleicht die kleineren im Gesamtbild verdrängen. Auch bei dieser Arbeit muss zunächst eine entsprechende Grundplatte vorbereitet werden. Sie darf im Trocken- und Brennprozess nicht reißen. Ihre Form und Größe richtet sich nach den gesammelten Blättern und deren Anordnung. Die Plattenstärke sollte mindestens 10 mm betragen.
Die vorgestellte Arbeit hat eine Größe von 30 x 20 cm. Haben die Schüler auch Rinden oder Aststücke gesammelt, so könnte damit die Platte strukturiert werden. Erst danach sollte der Rand ausgeformt werden. Da die Platte am Schluss ein „gewichtiges" Stück sein wird, sollten zwei nicht zu kleine Löcher für eine Aufhängung eingestochen werden. Die weitere Gestaltung geschieht nun gemeinsam. Jedes

Kind hat ein Blatt ausgewählt (bitte auf Vielfalt achten). Es wird auf einer dünnen Tonplatte ausgewellt und mit einem Messer an den Rändern geschnitten. Jedes Kind setzt sein Blatt selbst auf, drückt es mit Schlicker auf die Platte und kann es zuvor mit den Fingern noch etwas aufrichten. Ganz zarte Blattstrukturen erhält man, wenn kleine Kugeln geformt und diese auf der Blattinnenseite vorsichtig angedrückt werden. Bei dreilappigen Blättern z.B. könnte sich das Blatt aus drei miteinander verdrückten Kugeln bilden.

Blätter aus Ton

Nach dem Schrühbrand empfehlen sich Engoben oder Glasuren in Gelb-, Braun- und Grüntönen. Für letztere kann die Platte zunächst in eine Resteglasur getaucht und anschließend mit einem Glasurmops mit verschiedenen farbigen Glasuren eingefärbt werden.
Kleine Tontäfelchen mit plastischen Strukturen können attraktive Anhänger werden.

Ein kleines Bergdorf

Eine Tonplatte, ca. 50 x 50 cm, wird mit einem Astholz strukturiert und flächig verformt. Sie ist Grundlage für eine Gemeinschaftsarbeit der Kinder dieser Gruppe einer 3. Klasse: Ein kleines Bergdorf entsteht. Dazu werden Häuser, Bäume, Sträucher geformt. Sie werden von den Kindern zunächst lose auf die Platte gelegt und erhalten nach gemeinsamer Beratung – gut geschlickert – ihren festen Platz. Das Auswellen und Strukturieren der Platte übernehmen zwei Kinder. Das „Bergdorf" lässt sich auch dreidimensional darstellen, mit einem Berg, der aus einer Platte, die zuvor etwas ansteifen muss, gewölbt wird (s. S.43). Reliefhaft ausgeformte Häuserfronten wie in der Abb. S.43 können hier als Aufgabe vorangehen.

Häuserfronten

Dreidimensionales Bergdorf

Gestaltung von Reliefs mit ägyptischen Motiven bekannt gemacht. Die historische Begegnung von Ton und Bambus führte zur Entstehung der Keilschrift.

Gestalten Kinder mit angeschnittenem Schilfrohr in lederhartem Ton, so kommen sie zu optisch ähnlichen Ergebnissen. Der geschichtliche Bezug ist danach schnell zu finden und für das Kind nacherlebbar. Aussagen zur Schule als „Haus der Tafeln" oder zum „Scherbengericht" der alten Griechen könnte die Neugier der Kinder für weitere geschichtliche Zusammenhänge wecken. Die Reliefdarstellungen in den Grabkammern der ägyptischen Herrscher sind in Kalkstein gemeißelt. Andere Darstellungen wurden auf Papyrus gezeichnet und geschrieben. Es ist also auch zu bedenken, dass die Arbeit in Ton nur ein künstlerisches Nachempfinden ist und die Ritzzeich-

Ein kleines Bergdorf

Tontafeln mit Motiven des alten Ägypten

◆ **Worum geht es?** Die Begegnung der Kinder mit der ägyptischen Kunst ist als kleiner geschichtlicher Vorgriff möglich, sollte aber nicht vor der vierten Jahrgangsstufe erfolgen. Kinder der 5. Klasse erfahren im Geschichtsunterricht fundierteres Wissen zur Historie. Im Kunstunterricht werden sie im Zusammenhang mit der Entstehung der Schrift und bei der

Entwurf auf Papyrus

**Die rechte Abbildung zeigt Tontafeln
mit Motiven des alten Ägypten
(Schülerarbeiten Klasse 5).**

nungen sowie die verwendete Keilschrift keine bewusste Botschaft darstellen. Die Tafeln wurden mit Engoben bemalt; auch diese Auseinandersetzung mit dem farbigen Relief orientiert sich an den alten Ägyptern. Die Tontafeln sind in Personalunion des Kunst- und Werken-Lehrers entstanden.

Was zu beachten ist: Die Tonplatten werden ausgewellt oder mit dem Schneidedraht gezogen und vor dem Gestalten zugeschnitten. Um eine relativ gleiche Ausgangssituation für alle Kinder zu schaffen, sollten die Ausmaße der Kacheln einheitlich sein. In unserem Beispiel war es eine Postkarte, die als Schablone diente. Nach dem Besuch eines ägyptischen Museums oder nach der Vorführung eines Videos und dem Betrachten von entsprechenden Bildern zeichnen die Kinder zunächst auf Papyrus (siehe Abb.) oder Tonpapier (erhältlich in größeren Städten im Künstlerbedarf oder im entsprechenden Versandhandel). Sie gestalten ihre Zeichnung farbig. Die Kinder übertragen anschließend ihre Vorlage in Form einer Ritzzeichnung mit einem angespitzten Holzstäbchen oder mit einem Modellierholz in den feuchten Ton. Durch Eingraben und Herausarbeiten

der plastischen Partien der Figur werden verschiedene Reliefelemente vereint. Abhängig von der Höhe der Erhebungen erzielen die Kinder eine Kombination von Negativ- und Positivrelief. Die zusätzliche Gestaltung mit Engobe hat insofern einen besonderen Reiz, da blaue Engobe im Verarbeitungszustand zunächst gelblich bis grau erscheint und erst nach dem Schrühbrand seine Farbe entfaltet, zum Erstaunen der Kinder. Es wurde nur mit zwei Farben gearbeitet.

Zusätzliche Arbeitsmittel: Schilfrohr, Tonpapier oder Papyrus und Deckfarben für den Entwurf, Werkzeuge zur Herstellung der Platten, Ritzwerkzeuge und Modellierhölzer, weiße und blaue Engoben.

Ergebnis: Dieses zeigt, dass die flächige Darstellungsweise der Ägypter den Ausdrucksfähigkeiten der Kinder entgegenkommt. Beim Zusammensetzen der Tafeln ergibt sich wie selbstverständlich das Gespräch über den Aufbau und die Wirkung der Ergebnisse im Einzelnen und im Zusammenhang.

Keramik hat Klang

Klangkörper

Rasseln

◆ **Worum geht es?** Keramische Gegenstände haben Klang; beim Anschlagen nimmt unser Gehör eine gleichmäßige Schwingung der Luft, einen „Ton" wahr. Die Klänge unterscheiden sich je nach Wandungsstärke, nach dem Versinterungsgrad und nach der Größe des möglichen Resonanzraumes. Das interessiert Kinder besonders. Das Herstellen von Klangkörpern führt sie zum bewussten Hören und sensibilisiert sie für die dem Ton eigenen Klänge wie für Zusammenhänge zwischen Klang und Form. Tönen und Klängen nachzugehen, Töne und Klänge zu erzeugen – das lässt sich mit dem Werkstoff Ton sehr differenziert machen und führt zu überraschenden Ergebnissen.

Kinder interessiert noch etwas anderes, etwas, was sie zunächst irritiert, die Mehrdeutigkeit des Wortes „Ton". Der Ton bezeichnet in unserem Sprachgebrauch zum einen den Werkstoff des Töpfers. Zum anderen bedeutet er etwas vom Gehör Wahrgenommenes, ist ein Begriff des Klanges und der Musik. Das Wort taucht in vielen Redewendungen in diesem und im übertragenen Sinne auf. Wenn z. B. etwas „auf tönernen Füßen steht", ist die Zerbrechlichkeit des gebrannten Tones gemeint.

Für die begriffliche Sicherung ist es wichtig, mit den Kindern über die vielschichtige Wortbedeutung zu sprechen, darüber, wo und wie ihnen das Wort „Ton" begegnet ist und warum es mehrdeutig ist. Die sprachliche Herkunft, die Etymologie des Wortes, lässt sich durchaus kindgemäß klären und ist ein fächerverbindender Anlass, über Sprache nachzu-

denken. Ein Exkurs: Die sprachliche Herkunft von Ton, des Werkstoffs des Töpfers, geht zurück auf das frühneuhochdeutsche „tahen", das mittelhochdeutsche „tahe", „dahe" und das althochdeutsche „daha" und bedeutet: beim Austrocknen dicht werden. So wird bereits mit dem Wort auf eine wichtige Eigenschaft des Materials hingewiesen. Durch Verdumpfung des „a" zu „o" gelangte es letztlich zu unserem heutigen Wort Ton.

Der vom Gehör wahrgenommene „Ton" hat seine Wurzeln im lateinischen „tonus" = das Anspannen der Saiten und in dem griechischen „tonos" = Klang. Das mittelhochdeutsche Wort „ton, don" stand für Melodie und Lied wie auch für Laut, Ton und Stimme. Die Wortbedeutung hat sich im Verlaufe der Zeit zu letzteren hin verlagert.

Im Folgenden werden zwei Arten von einfachen Klanginstrumenten vorgestellt, Klangstäbe, die bei Windzug aneinander schlagen und klingen, sowie Rasseln mit einer oder mehreren an die Innenwandung anschlagenden Kugeln. Die Klangstäbe sind sehr einfach zu formen. Die Aufgaben beziehen darum das Strukturieren der Oberflächen ein und nutzen Erfahrungen mit dem Relief, der plastischen Flächengestaltung. Sie vermitteln erste Klangerfahrungen mit dem geschrühten Scherben und enthalten außerdem ein soziales Moment, die Zusammenarbeit der Kinder. Die Form der Rassel knüpft an vorangegangene Aufgaben an: an die Schälchen aus der Halbkugel (S.33) – sie sind eine notwendige Voraussetzung – und an die „Muschel" (S.37), die das Zusammensetzen von Formen thematisiert.

Windspiele

Windspiele können aus allen Materialien bestehen, die klingen, also auch aus gebranntem Ton. Sicherlich haben viele Kinder Musikinstrumente aus Ton, die Klangschönheit einer Tonflöte oder eines Windspieles bereits auf historischen Volksfesten oder Töpfermärkten erlebt. So könnten ihnen auch Musikinstrumente anderer Kulturkreise, wie die Tontrommel, begegnet sein. Davon lässt sich berichten. Interessant für die Kinder wäre eine Erkundungsphase zu den verschiedenen Klängen. Es geht darum, sie zu unterscheiden und herauszufinden, was die Unterschiede verursacht. Das erfordert genaues Hören, was unterstützt werden kann, wenn nichtkeramische Klänge dazukommen. Dazu können einfache Musikinstrumente, wie Triangel, Klanghölzer, u. Ä. herangezogen werden und mit keramischen Klangkörpern wie der Tonflöte und Rassel verglichen werden. Ein kleines Lied auf einer Tonflöte gespielt könte ein motivierender Beginn sein. Es ist aber auch möglich, unterschiedliche Keramiken wie Tasse, Kanne, Blumentopf zum Klingen zu bringen. Auf diese Weise können z.B. keramische Gegenstände auf Risse (Sprünge) überprüft werden, denn ein gesprungenes Gefäß hat keinen Klang. Den Kindern sollte dabei auch Gelegenheit gegeben werden, über ihre Vorstellungen zum Wort „Ton" zu sprechen, um die Herkunft der Wörter zu klären.

! Was zu beachten ist: Ein Tonstück wird zwischen Kanthölzern von 5 mm Stärke zu einer größeren Fläche gleichmäßig ausgewellt und mit Hilfe von Lineal oder Papierschablone in Streifen geschnitten. Der freie Entscheidungsspielraum führt zu einer Vielzahl von Tonstreifen mit später unterschiedlichen Klängen. Weil die Tonstreifen später an einer Holzscheibe, einem Rundstab oder

einer mit Löchern versehenen Keramikscheibe hängen werden, wird am oberen Streifenende, 2 cm von der Oberkante, mittig ein Loch für die spätere Aufhängung eingebracht. Durch Eindrücken, Ziehen und Schieben mit Stempeln entstehen Strukturen. Dieses Mustern lockert die strenge Streifenform auf, es entstehen an den Rändern Ausbuchtungen, Verschiebungen u. Ä.

Natürlich lässt sich die Form der Windspielelemente variieren. Die Streifen könnten auch spiralförmig verdreht werden. Oder die ausgewellten Tonplatten werden um ein Rundholz gelegt und zu Röhren geformt; so entsteht ein Klangkörper mit Resonanzraum. In diesem Fall würde das Rundholz zunächst als „Stütze" unter der gerollten und gut zusammengedrückten Röhre verbleiben. Abdrücke lassen sich einbringen, ohne die Form stark zu deformieren. Zu beachten wäre aber, dass das Holz rechtzeitig vor der einsetzenden Schwindung im Trocknungsprozess herausgezogen wird, weil sonst ein Reißen unvermeidlich wäre. Der Klang der gebrannten Tonröhren erinnert an das Geläut von Kuhglocken. Die Ton-

platten können aber auch kreisförmig ausgestochen (zum Beispiel mit Dosen, bei denen Deckel und Boden herausgeschnitten wurden) oder mit dem Messer nach Schablonen geschnitten werden. Zum Strukturieren kann Fadenmaterial oder Gewebe aus Hanf, Jute, Baumwolle u.a. aufgelegt und erneut zwischen zwei Leisten ausgewellt werden. Dabei drücken sich die Fäden ein und die strenge Kreisform wird zum Oval aufgelockert. Die Höhe der Brenntemperatur beeinflusst die Dichte des Scherbens und damit seinen Klang. Er wird umso heller, je dünnwandiger er ist und je höher er gebrannt wird. Das heißt, dem Schrühbrand von etwa 900 °C sollte noch ein Glattbrand von ca. 1050 °C folgen. Dazu können die Tonstreifen bzw. -platten zuvor in Glasur getaucht und die Flächen wieder mit einem feuchten Schwamm gereinigt werden.

Die Glasur verbleibt in den Oberflächenvertiefungen und verstärkt optisch die Struktur. Auf eine Vollglasur sollte verzichtet werden, sie dämmt den hellen Klang. Ein Glattbrand ist aber auch ohne Glasurüberzug erforderlich, um den Ton heller klingen zu lassen. Nach dem Glasur- oder Glattbrand werden die Tonteile ebenfalls aufgehängt. Erst nachdem alle Tongebilde frei hängen, ist der feine Klang zu hören. Die Klänge dieser Windspiele können freundlich den Unterricht beginnen oder enden lassen.

◖ Ergebnis: Dem Kind sollte bewusst werden, dass sein Einzelstück, auch wenn es ästhetisch besonders gelungen ist, nur in Berührung mit den anderen seinen eigenen, unverwechselbaren Klang preisgibt und dass sich mit der Anzahl der Tonstreifen der Klangreichtum des Windspieles erhöht. Gemeinsame Freude über das Gesamtwerk sollte ausgeprägt werden.

◯ Zusätzliche Arbeitsmittel: Gegenstände für Klangexperimente; 1 Hubel Drehton; Lineale, Messer; Rundstäbe – Durchmesser 1 bis 3 cm; Kanthölzer – Stärke von 0,4 bis 1,5 cm; Modellierhölzer und Stempel; verschiedenes Faden- und Gewebematerial; verschiedene Dosengrößen zum Ausstechen der Tonformen; Pappe oder Papier für Schablonen; Trinkröhrchen zum Lochen; Apfelausstecher oder professionelle Lochschneider zum Lochen.

Mit Astholz strukturierte dünne Tonplatten zu Vogelformen gedrückt – eine mögliche Variante

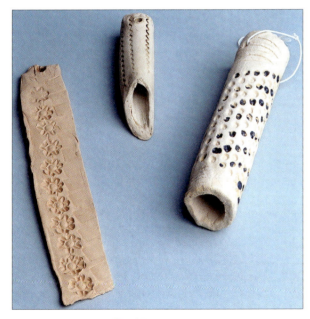

Streifen und Röhren für Windspiele

Rasseln

Es gilt mit dem Bau einer Rassel, die aus zwei Kugelhälften zusammengesetzt wird und eine oder mehrere Kugeln einschließen soll, auszuprobieren, wie ein Ton im Ton klingt. Auch hier könnten Klangexperimente am Anfang stehen.

Formen der Schalen für die Rasseln

❗ Was zu beachten ist: Für die gemeinsamen Experimente und Besprechungen ebenso wie für den Einstieg in die praktische Arbeit, das Formen der zur Rassel erforderlichen Kugel, eignet sich der Sitzkreis. Er begünstigt auch das intensive Rollen des Tons; beim Schließen der Augen wird die Aufmerksamkeit auf das Erfühlen des Tones gelenkt und die Kugel als plastischer Körper bewusst erfahren. Am Platz wird die Kugel mit dem Schneidedraht halbiert und zu gleich großen Schalen geweitet. Die Wandstärke liegt bei 5 mm.

Jedes Kind bestimmt Größe und Zahl der Kugeln, die in seine Rassel kommen. In jedem Falle sollten die Kugeln nur so groß sein, dass ihr Durchtrocknen garantiert ist und sie ausreichenden Raum zur Bewegung haben. Sie sollten außen bereits etwas trocken sein. Damit kann einem Ankleben an einer zu feuchten Innenwandung vorgebeugt werden. Möglich ist auch, sie mit etwas Zellstofftuch zu umwickeln. Für die jüngeren Grundschulkinder kann es ein Problem sein, sich vorzustellen, wann die Kugeln in die Rasseln eingebracht werden müssen. In der Problemsituation wird die Fähigkeit eingeübt, einen Vorgang zu planen, d.h. sich Arbeitsschritte im Voraus vorstellen zu können. Dies ist ein wichtiger Aspekt auch für viele andere Werkverfahren!

Rasseln als Muscheln geformt, und Glocke – mögliche Varianten von Klangkörpern

aufgebaut werden. Das kann mit Wülsten geschehen, mit Streifen, auch mit kleinen Tonplättchen oder -lappen, die aus Kugeln gedrückt werden. So selbstverständlich uns solche Verfahren erscheinen mögen, beruhen sie doch auf dem Experiment. Auch Kinder sollte man über den experimentellen Weg an sie heranführen.

Das Problem und seine Lösung: Eine faustgroße Kugelform wird mit den Daumen allmählich zu einer tiefen Schale geweitet. Für einen Becher reicht die Höhe der Wandung nicht aus. Zudem merken die Kinder, dass die Wandung nicht höher werden kann, als die Länge der eigenen Daumen zulässt. Mit etwas Geschick können mit der Hand noch einige Zentimeter Tiefe gewonnen werden. Für den Becher aber müssen Möglichkeiten gesucht und ausprobiert wer-

Beim Zusammensetzen der Schalen zur Kugel ist darauf zu achten, dass die Ränder der Schalen sorgfältig aufgeraut, geschlickert und gut aneinander gedrückt werden. Mit dem Messer wird an der Naht eingeritzt und mit den Fingern geglättet. Die Nahtstelle kann noch vorsichtig mit einem Holz beklopft werden. Das führt zum Glätten des Werkstoffes und zu seiner Verdichtung.

Zum Schluss muss die Hohlkugel zumindest eine Öffnung erhalten, damit beim Schrühbrand die sich ausdehnende Luft entweichen kann und ein Sprengen der Form vermieden wird. Hier haben die Kinder nun alle Gestaltungsfreiheit: Die Öffnung darf klein oder groß, sie kann rund oder eckig sein; es können mehrere Löcher sein, konzentriert oder über den Kugelmantel verteilt. Die Kinder entscheiden für sich, nachdem dieses technologische Problem mit seinen gestalterischen Konsequenzen besprochen wurde. Nach dem Trocknen wird die Rassel geschrüht und anschließend glattgebrannt (siehe auch Windspiele S. 46/47).

Gefäße entstehen

Aufbauen aus Wülsten

Von der Schale zum Becher

Die Kinder haben bereits Erfahrungen im Aufweiten von Kugeln zu verschiedenen Schalenformen sammeln können (s. auch S. 33). Das Verfahren lässt aber nur begrenzte Größen zu; höhere Gefäße müssen

Ein Übertopf

den. Dazu erhalten die Kinder Gelegenheit. Ihre Lösungen lassen das An- bzw. Aufsetzen von Ton erwarten. So könnte es sein, dass sie sich daran erinnern, wie aus der Kugel durch Rollen Wülste entstehen. Zu einem Ring geformt, können sie auf das Gefäß gesetzt werden. Denkbar wäre auch, dass die Wulst spiralförmig nach oben weitergebaut wird. Weitere Vorschläge können eingebracht und ausprobiert werden. Die Aufgabe aktiviert gleichzeitig die Kenntnisse der Kinder über die Bedeutung des Schlickers. Erst nach einer solchen ersten, sorgfältigen Übung sollte erwogen werden, ein Gefäß nur aus Wülsten aufzubauen. Das Aufbauen mit Wülsten erweitert die bisherigen Kenntnisse über additive Techniken. Es führt die Kinder zu der Einsicht, dass es möglich ist, auch ohne eine Töpferscheibe größere Gefäße als bisher aufzubauen.

Was zu beachten ist: Das Verfahren bietet die Möglichkeit, mit einzelnen Wülsten oder Wulstpartien das Gefäß zu gliedern. Bei einem Übertopf, der höchstens am Boden Wasser sammelt, lassen sich noch andere Gestaltungsweisen aus dem Verfahren ableiten. Die Kinder können dies ausprobieren und auch entscheiden, ob sie die Wülste als Gestaltungselemente nutzen oder die Wandung glätten wollen. Die angestrebten Gefäße können für kleinere Zimmerpflanzen gedacht sein. In jedem Fall ist es erforderlich, Höhe und Durchmesser des einzelnen Blumentopfes zu messen und die Maße für den Übertopf zu bestimmen. Seine Funktion verlangt, dass er nicht nur einfach größer ist, sondern einen Spielraum für das Einsetzen und Herausnehmen der eingetopften Pflanze lässt.

Außerdem sind Trocken- und Brennschwindung zu beachten; sie müssen in die Maßbestimmung einfließen. Die Kinder haben diese Eigenschaft des Tones bereits kennen gelernt. An der Aufgabe lernen sie, mit der so genannten linearen Schwindung umzugehen. Erläuterung: Wenn der Topf beispielsweise einen Durchmesser von 18 cm haben soll, müsste er vor dem Brand 20 cm haben. Er verliert im Brand 2 cm, d. h. 1/10 von 10/10 Länge. Für die Höhe gilt das Gleiche. Anmerkung: Die Schwindungen sind von Ton zu Ton verschieden und darum vorher mit den Kindern zu prüfen. Von der Klassenstufe hängt es ab, ob man die Kinder die Bemaßung schätzen oder berechnen lässt.

Vor Beginn der praktischen Arbeit könnte mit den Kindern überlegt werden, ob man Wülste auf andere und vielleicht schnellere Weise, als bislang bekannt, formen kann. Ein möglicher Weg könnte folgender sein: Zunächst werden aus einer ausgewellten oder aus einer mit dem Schneidedraht gezogenen Platte (ca. 10 mm stark) Streifen geschnitten. Sie werden zu etwa fingerdicken Tonwülsten auf einer festen Unterlage ausgerollt. Ideal sind dafür Holztische, die leicht angefeuchtet werden. Auf ihnen lassen sich Wülste besonders gut rollen, sie bleiben feucht und gut formbar! Beim Rollen wird mit beiden Handflächen zunächst von der Mitte nach außen und zurück gleichmäßig, aber ohne zu starken Druck gearbeitet.

Der benötigte Boden kann aus einer Tonplatte ausgestochen, mit Hilfe einer Schablone ausgeschnitten oder mit einer Nadel auf der sich drehenden Ränderscheibe herausgearbeitet werden. Der Tonboden sollte auf einer drehbaren Scheibe mittig platziert werden. Man arbeitet dazu günstig im Stehen. Der Rand des Bodens wird aufgeraut und mit Schlicker

Wülste Ring auf Ring auf geweitete Schalenform gebaut

bestrichen. Beim Auflegen der ersten Wulst wird die Ränderscheibe oder ein untergelegtes Brettchen langsam gedreht, der Daumen der linken Hand drückt die Wulst sanft auf den Boden. Um eine feste Verbindung zwischen Wulst und Boden zu erreichen, kann eine kleine Tonwulst zusätzlich innen eingedrückt oder mit einem Stäbchen eingestampft werden. Etwa nach der dritten Wulst wird innen sorgfältig verstrichen. Dazu drückt der Daumen der einen Hand auf die obere Wulst, während mit den Fingern der anderen Hand oder einem Modellierholz die innere Wulstform verstrichen wird. Das weitere Aufbauen geschieht nun ganz individuell. Wichtig beim Aufbauen ist das sorgfältige Schlickern und das regelmäßige Verstreichen der Wülste.

Ist das Aufbauen des Gefäßes beendet, wird es vorsichtig mit dem Schneidedraht von der Ränderscheibe geschnitten und auf eine Gipsplatte gesetzt. Eine sichere Standfläche der Gefäße kann erreicht werden, wenn der von der Ränderscheibe abgehobene Gefäßkörper zunächst umgekehrt auf sie zurückgestellt wird. Vorsichtig wird mit den Daumen auf den Mittelpunkt des Gefäßbodens gedrückt, so dass sich dieser leicht nach innen wölbt und ein Standring entsteht. Durch Schlagen mit einer Leiste oder Abdrehen mit einer Modellierschlinge sollten die Kanten leicht gefast werden.

Wird die Arbeit in einer Doppelstunde nicht beendet, kann unbedenklich in der darauf folgenden Woche weitergearbeitet werden. Dazu sollten die Gefäße in einen Trockenschrank (das kann ein alter, nicht mehr benutzter Kühlschrank sein) gestellt werden. Ein feuchtes Tuch und eine Folie, über jedes Gefäß gelegt, halten den Ton ausreichend feucht. Das Trocknen der Gefäße sollte langsam erfolgen.

Dazu ist es günstig, die Arbeiten an einen zugfreien Ort zu stellen. Nach dem Lufttrocknen, sobald der Ton lederhart ist, wäre eine sparsame farbige Gestaltung mit Engobe möglich. Nach etwa einer Woche können die Gefäße geschrüht werden.

Nach dem Schrühen kann das Gefäß in eine farblose Glasur getaucht werden. Der Boden wird sorgfältig mit einem feuchten Schwamm abgewischt. Günstig ist es, diese Arbeiten erst einige Stunden trocknen zu lassen, ehe der Glasurbrand gefahren wird. Das belastet die Heizspiralen weniger und erhöht die Lebensdauer des Brennofens.

● Ergebnis: Die Gefäße spiegeln den dieser Technik innewohnenden Formenreichtum wider. Die Kinder haben spiralenförmig aufgebaut oder Ring auf Ring gesetzt; sie haben Kugeln oder Schnecken eingedreht oder Leerfelder gelassen.

Um eine sich nach außen verbreiternde oder sich verjüngende Form zu erhalten, müssen die Tonwülste jeweils versetzt eingearbeitet werden, d. h., die Ringe werden länger oder kürzer aufgesetzt. Die Wülste sollten die Kinder als optisches Gestaltungselement bewusst nutzen. Das alles ist an den Ergebnissen abzulesen und sollte mit den Kindern betrachtet werden. Weitere Kriterien für eine Betrachtung:
– eine gute Standfestigkeit;
– ein gutes Verschlickern der Wülste;
– ein gutes Verstreichen des Gefäßes, z. B. von innen,
– Auftrag und Wirkung von Engobe und Glasur.

⬡ Zusätzliche Arbeitsmittel: leicht schamottierter Ton; Nadel zum Ausstechen des Bodens auf der Ränderscheibe; z. B. Seziernadel oder Vorstecher; Modellierhölzer zum Verstreichen; verschiedene Dosen ohne Boden und Deckel zum Ausstechen; Ränderscheiben oder eine Sperrholzplatte mit abgerundeten Ecken (ca. 200 x 200 mm).

Eine kleine Schale aus Tonstreifen

Stehen Ränderscheiben zur Verfügung, so ist es reizvoll, Kinder darauf eine kleine Schale aufbauen zu lassen. Anschließend wird das Gefäß drehend mit einer „Ziehklinge" in Form gebracht und geglättet. So können erste Erfahrungen mit einer drehbaren Unterlage gesammelt werden. Dazu wird zunächst eine Tonplatte auf die Ränderscheibe gelegt.
Während die Scheibe gedreht wird, wird mit einer Nadel in den Ton gedrückt. Die markierte Kreisfläche gestattet das Abheben des Tonrestes – der benötigte

Aus Streifen aufgebaute Schale

Boden liegt zentriert auf der Ränderscheibe. Mit einer etwa 20 mm breiten Leiste als Schablone werden danach aus der verbleibenden Platte Tonstreifen geschnitten. Nach dem Aufrauen und Schlickern wird der erste Tonstreifen sorgsam auf den Boden gedrückt und am Ansatz innen mit einem Tonwülstchen verstärkt. Indem die Streifen enger oder weiter aufeinander gesetzt werden, lässt sich die Form der Schale weiten oder verengen. Der weitere Aufbau der Tonstreifen erfordert gutes Verstreichen der Ansatzflächen außen wie innen (siehe auch Wulsttechnik, S. 48). Danach wird die Ränderscheibe mit der einen Hand in eine Drehbewegung versetzt. Die andere Hand feuchtet zunächst mit einem Schwamm den Ton an. Mit der aus Pappe oder Kunststoff selbst gefertigten Ziehklinge erhält die Schale unter ständigem Drehen die gewünschte Form und eine glatte Oberfläche. Dazu kann die Pappe am besten mit einem Universalmesser vorgeritzt und dann mit der Schere geschnitten werden. Der Kunststoff wird vorsichtig mit einer Mecoschere geschnitten und anschließend mit feinem Schleifpapier an den Kanten geglättet. Da sich als Holz nur Birnbaum oder Pflaume wegen seiner Festigkeit als Ziehklinge für den Ton eignen, ist eine Herstellung im Grundschulunterricht problematisch. Weder Weichholz noch Sperrholz genügen hier den Anforderungen. Dagegen liegen Pappe oder Kunststoff gut am Ton an und lassen sich von der Hand gut führen.

⬡ Zusätzliche Arbeitsmittel: standsichere, leicht drehbare Ränderscheibe aus Metall; Nadel zum

Abdrehen; Material für die Ziehklinge; Pappe oder weicher Kunststoff (z.B. ein Eimerdeckel aus Polyäthylen).

Bauen mit Platten

◆ **Worum geht es?** Die in den folgenden Beispielen auszuführenden Arbeitstechniken und aufgezeigten Probleme setzen beim Kind nicht nur Fertigkeiten im Umgang mit dem Werkstoff Ton sowie Kenntnisse über seine Eigenschaften voraus, sondern erfordern auch das Vertrautsein mit konstruktiven Techniken, wie dem Planen von Arbeitsschritten, dem Entwerfen und Skizzieren. Hier müssen mit den Kindern gemeinsam Vorüberlegungen angestellt und das konstruktive Vorgehen geklärt werden. Vorstellungen zu technischen und funktionalen Sachverhalten wie Stabilität oder Passgenauigkeit von Teilen zueinander werden angestrebt.

Die Aufgaben sind geeignet, das planende und konstruktive Verhalten der Kinder zu stützen und zu fördern.

Eine Gebäckdose entsteht

Ihre Herstellung erfordert zunächst, eine Vorstellung von der Dose und ihrer Funktion zu entwickeln: Eine Dose ist ein Gefäß mit einem Deckel, ihre Form ist nicht festgelegt. Da sie Gebäck aufnehmen soll, muss die Hand hineingreifen können; entsprechend sind die Maße festzulegen, beispielsweise das Verhältnis von Höhe, Breite und Länge. Auch müssen die Größe des Deckels, sein sicherer Halt und die Funktion eines Griffes bedacht werden. So steht in der Vorphase die Ideenfindung im Blickpunkt, d.h., die Kinder skizzieren ihre Vorstellungen und entwerfen Schablonen für Boden und Wand.

Der Entwurf des Deckels führt sie vor die Frage, welche Formen einen guten Sitz garantieren. Dabei besteht jedoch ein zusätzliches Problem, die Schwindung. Wird die Größe des Deckels erst bestimmt, wenn das Gefäß fertig ist, wird er zu klein, weil das Gefäß durch die Schwindung beim Trocknen bereits an Volumen verloren hat, der Deckel aber noch schwinden wird. Deshalb ist es notwendig, ihn mit allen Teilen möglichst gleichzeitig zuzuschneiden und während der Arbeit alle Teile gleichmäßig feucht zu halten.

Der Griff sollte mit Daumen und Fingern gut zu greifen sein; er braucht also einen Einzug oder zwei konkave Wölbungen (s. Abb.).

Was zu beachten ist: Wenn die Arbeit nicht in einer Doppelstunde beendet werden kann, empfiehlt sich das Einpacken der Platten mit Folie und ihr Aufbewahren in einem Trockenschrank, wie beim Aufbau mit Wülsten beschrieben. Zum späteren Trocknen selbst eignet sich eine saugfähige Unterlage, z. B. eine Gipsplatte.

Das Auswellen der Platten geschieht am besten auf einem Baumwolltuch. Es verhindert, dass der Ton auf der Unterlage kleben bleibt.

Weil die Platten nach dem Schneiden etwas antrocknen müssen (sonst ergeben sich erhebliche Stabilitätsprobleme beim Zusammenbau), kann die Zeit von den Kindern genutzt werden, um Schlickerschälchen zu formen, Schlicker aufzubereiten und in die Schälchen zu füllen (siehe Seite 36, Technischer Hinweis).

Auch das „Design" des Griffes kann nach der Klärung seiner Funktion von den Kindern bereits bedacht und auf geeignete Formen hin geprüft werden. Eine Weiterarbeit sollte erst erfolgen, wenn der Ton feuchthart geworden ist, d. h., wenn er sich bereits leicht verfestigt hat.

Für die Schablonen empfiehlt sich kleinkariertes Papier. Es erleichtert den Kindern das Messen und das genaue Anreißen. Leicht auf den feuchten Ton gedrückt, liegt es rutschfest auf. Ein mehrfaches

Gebäckdose

Auflegen ist gut möglich. Besondere Sorgfalt wird später dem Verbinden der Platten gewidmet. Das Aufsetzen der ersten Wandplatte auf den Boden und eventuell auch das Verbinden mit der zweiten Wandplatte wäre modellhaft mit den Kindern zu erarbeiten und, wenn nötig, auch zu demonstrieren.

In der Weihnachtszeit, wenn regionale Traditionen und Bräuche besprochen werden, könnte die Klasse auch Plätzchen backen. Für sie stellen sich die Kinder Gebäckdosen selbst her. Zunächst werden Ideen zur möglichen Form, zum Aussehen gesammelt. Nach der Klärung auftretender Fragen legt jedes Kind die Maße für den Boden, danach für die Seitenteile fest, überträgt sie auf kariertes Papier und schneidet sie aus.

Weil die Kinder das Ziehen einer Platte vom Hubel mit dem Schneidedraht ebenso wie das Auswellen einer Platte aus dem Tonklumpen zwischen zwei Leisten kennen sollten, können sie selbst entscheiden, wie sie ihre Platten herstellen wollen. Die Platten können anschließend strukturiert werden (siehe auch S. 38, „Strukturen im Ton"). Erst danach werden die Papierschablonen leicht auf die feuchten Tonplatten gedrückt und geschnitten.

Zum Schneiden der Platten erhalten die Kinder kleine Holzleisten, die sie auf die Schablonenkante legen, um an ihr das Messer sicher entlangzuführen. Sind die Platten geschnitten und haben die Kinder sie auf Vollständigkeit überprüft, so bleiben sie zunächst für eine Zeit auf einer gut saugfähigen Unterlage (das kann eine Gips- oder Spanplatte sein) liegen, damit sie sich etwas verfestigen können. In dieser Zeit wird in einem aus der Kugel geformten Schälchen Schlicker aufgenommen und bereitgestellt.

Auch das Problem des Deckelgriffes kann bereits an dieser Stelle besprochen und eine Lösung gefunden werden. Wenn die Kinder die Funktion des Griffes verstanden haben, können sie beim Formen mit Ton selbst Möglichkeiten finden. Auch ein figürliches Aussehen des Deckelgriffes ist denkbar.

In unserem Unterricht hat sich nachstehende interessante Lösung ergeben. Die Kinder haben eine Kugel leicht zur Scheibe gedrückt und sie zwischen Daumen und Zeigefinger auf der Unterlage gerollt und danach halbiert.

Das Aufsetzen der ersten Wandplatte auf den Boden geschieht nach sorgfältigem Aufrauen und Schlickern. Zur besseren Verbindung der Platten untereinander wird noch ein dünner Tonwulst gerollt und leicht in den Winkel zwischen Wand und Boden gedrückt und verstrichen. Die weiteren Platten werden ebenso sorgfältig gesetzt und mit dünnen Wülsten stabilisiert.

Für den Deckel wären Möglichkeiten zu erörtern, die ein Verrutschen verhindern. So wäre z.B. das Aufsetzen kleiner Tonkugeln oder -platten, die mit Schlicker fest an die Eckpunkte gedrückt werden, möglich. Ebenso könnte eine zweite, um die Wandstärke verkleinerte Platte an die Deckelplatte gedrückt werden. Abschließend legen die Kinder den Punkt fest, auf den der Griff fest anzudrücken ist. Der Schnittpunkt der Diagonalen wird leicht eingeritzt. Damit ist der Mittelpunkt bestimmt und der Deckel bleibt später beim Anheben „in der Waage".

Ist das Gefäß aufgebaut und sind die Platten nicht strukturiert worden, können die Kinder kleine Dekore aufsetzen. Sie haben bereits in Gipsplatten einfache Formen eingeritzt bzw. gekratzt, diese werden mit feuchtem Ton abgedrückt und an das Gefäß angesetzt (siehe auch S. 38, „Strukturen im Ton"). Die Dekore können mit Engobe farbig hervorgehoben werden.

Für die Standfestigkeit ist es günstig, den Boden leicht nach innen zu wölben. Um später ein Ablaufen der Glasur zu vermeiden, sollten die Bodenkanten leicht gebrochen werden. Das kann mit einer Modellierschlinge geschehen oder man staucht die Kante mit einer Leiste. Die Arbeit wird abschließend gekennzeichnet.

Hinweise zum Trocknen: Deckel und Gefäß werden getrennt getrocknet. Nach ein bis zwei Tagen empfiehlt es sich, beide zu wenden. Um Risse beim Trockenprozess zu vermeiden, sollte man zunächst das Gefäß mit einer Folie abdecken. Nach dem Durchtrocknen (das kann hier etwa 14 Tage dauern) wird das Gefäß geschrüht.

Danach können die Kinder ihr Gefäß in eine Glasur tauchen oder es mit Glasur übergießen. Dabei muss auf sorgfältiges Abwischen des Bodens und der Deckelauflage geachtet werden.

Damit die Kinder den Gesamtprozess erleben können, sollten sie ihre Gefäße selbst unter der Aufsicht der Lehrerin oder des Lehrers in den Ofen einsetzen dürfen. Sie verwenden dazu kleine Dreikantbrennhilfen, auf die sie ihre Gefäße aufsetzen. Mit großer Spannung wird stets der Abschluss des Brennprozesses erwartet.

Ergebnis: Die Kinder haben sich im Entwerfen und im Umsetzen ihrer Ideen erproben können. Sie können nun ihre Gefäße auf Gebrauchsfähigkeit prüfen. Sie haben gelernt technische Aspekte im Arbeitsablauf, wie das Verbinden und „Sichern" größerer Platten, zu bedenken und zu beachten, einen Arbeitsablauf zu planen und sorgfältig handwerklich auszuführen. Zur Lösung der funktionalen Probleme entwickelten sie einige interessante Vorschläge. Auch beim Dekor fanden sich individuelle Lösungen. Die komplexe Aufgabe führte die Kinder zu einer intensiven Auseinandersetzung mit dem Werkstoff Ton. Mögliche Beurteilungen sind Standfestigkeit und Passgenauigkeit der Platten und des Deckels, sorgfältiges Verbinden der Wandplatten untereinander und die Einheit von Funktionalität und Gestaltung.

⬡ Zusätzliche Arbeitsmittel: kleinkariertes Papier, Bleistift, Lineal und Schere; Rundhölzer zum Andrücken der Tonwülstchen; zwei Leisten (500 x 20 x 10 mm); einen Hubel Ton, leicht schamottiert; evtl. Ränderscheiben; Material zum Strukturieren, grobe Stoffe, Wellpappe, Naturmaterialien u. Ä.; Folie oder -beutel zum Einpacken der Gefäße, Gips- oder ähnlich gut saugende Platten als Unterlage, z. B. geschrühte Keramikplatten, Holzbretter, Hartfaserplatten (die Siebseite nutzen); die von Kindern geschaffenen Gipsplatten mit eingeritzten Formen.

Ein Räucher- oder Lichterhaus für die Weihnachtszeit

Auch hier müssen zunächst Funktion, Form und Größe bedacht und Schablonen gefertigt werden. Bei diesen Beispielen (siehe Abb.) wurde die Grundplatte nicht fest mit den Wandteilen verbunden; damit bleibt das Häuschen abnehmbar zum Auswechseln von Teelicht oder Räucherkerze.

Das Ausschneiden von Fenstern, Türen und Öffnungen für den Rauchabzug erfolgt nach dem Schneiden der Platten mit Messer, Lochschneider oder kleinen Aluminiumstreifen. Der Aufbau erfolgt ebenso wie beim vorhergegangenen Beispiel.

Ein zylindrisches Gefäß für einen bunten Trockenstrauß

Zunächst müssen sich die Kinder Höhe und Umfang ihrer Gefäße genau vorstellen. Dann wird der Durchmesser für den Boden des Gefäßes festgelegt. Stehen zum Abdrehen der Bodenplatten keine Ränderscheiben zur Verfügung, eignen sich Konservendosen in verschiedenen Durchmessern, aus denen Boden und Deckel entfernt wurden, zum Ausstechen. Unbedingt darauf achten, dass keine Verletzungsgefahr besteht!
Damit die nun für den Zylindermantel benötigte Platte die richtige Länge erhält, könnten die Kinder den Umfang des Bodens mit einem Faden messen.

An der klaren Zylinderform lassen sich Dekore erproben. Da Tonplatten sich gut für Oberflächenstrukturen eignen, kann an vorangegangene Erfahrungen (siehe auch S. 38 ff.) angeknüpft werden. So kann die Platte z. B. auf grobem Stoff, wie Jute, ausgewellt werden. Es kann Naturmaterial, Blätter, Gräser, Blütenköpfe, auf der Platte angeordnet und anschließend zwischen den Leisten sorgsam eingewellt werden.

Erst jetzt wird die Platte im benötigten Maß geschnitten. Sie wird vorsichtig zylinderförmig gerollt und auf den Boden gesetzt. Eine Tonwulst wird zusätzlich innen angedrückt und verstrichen. Der Rand

Ein Räucherhaus entsteht

Gefäße mit eingewellten Naturmaterialien

schnitten. Ihre Höhe sollte die Handlänge des Kindes nicht übersteigen. Die Platte wird zu einem Zylinder gebogen, an den Endflächen etwa 5 mm übereinander gelegt und zwischen Daumen und Zeigefinger fest angedrückt. Diese Fingerspuren halten den übereinander gelegten Tonlappen fest in der Form, können aber gleichermaßen Dekor sein.

Die Naht zwischen Boden und Wandung wird wieder mit einem dünnen Wulst verstärkt. Das Gefäß kann mit Stempelformen, Rollsiegel oder durch Kratzspuren dekoriert werden.

Um der Form Gewicht zu geben kann dazu auch ein einfacher, aber kompakter Stempel, den sich die Kinder selbst geschaffen haben, eingedrückt werden.

Aufbau aus Platten für ein Räucherhaus

Gefäß mit Stempel

des Gefäßes könnte vorsichtig nach außen gedrückt werden. Die Fingerspuren wirken zugleich als Dekor.

Nach dem Schrühen der Gefäße empfiehlt sich das Tauchen in eine z. B. dunkle, matte Glasur. Sie bleibt innen stehen, kann aber von außen mit einem feuchten Schwamm abgewischt werden, so dass nach dem Glattbrand die noch verbliebene Glasur die eingewellten Naturmaterialien betont.

Ein Topf für meinen Kaktus

Bei dieser Aufgabe könnte man den Kindern freistellen, ob sie das Gefäß aus einer Platte zum Zylinder formen oder es aus kleinen Streifen Schicht um Schicht aufbauen wollen. In beiden Fällen wird wie zuvor ein gewünschter Kreisdurchmesser aus einer Tonplatte gestochen, nach Schablone mit einem Messer umfahren oder auf der Ränderscheibe mit der Nadel herausgedreht. Der Umfang wird gemessen und die Tonplatte in der benötigten Länge zuge-

Da ein Pflanzgefäß porös bleiben sollte, ist nach dem Trocknen ein Schrühbrand ausreichend. Dennoch kann, wie bei den oben genannten Beispielen beschrieben, Glasur in das Dekor aufgetragen und anschließend ausgewaschen werden. Der Glattbrand sollte jedoch 1045° C nicht übersteigen, damit ein Sintern des Scherbens vermieden wird. Entsprechend muss eine Glasur gewählt werden, die bei dieser Temperatur zum Fließen kommt.

Plastisches Gestalten

Kinder erschließen sich die Wirklichkeit, indem sie diese „begreifen". Sie schaffen sich im Spiel Abbilder ihrer Umwelt und werden so mit ihr vertraut. Unsere Realität ist dreidimensional, deshalb wird das räumliche und plastische Gestalten oft dem flächigen vorgezogen. Der Werkstoff Ton ist im besonderen Maße für Gestaltungsformen mit dreidimensionalem Cha-

Krokodil

rakter geeignet. Das Formen oder Modellieren mit Schnee, Sand, Wachs, Plastilin oder Pappmaché ist den Kindern weitgehend geläufig. Dabei bevorzugen sie im Allgemeinen eher das additive Formen.

Unbewusst sammeln sie Erfahrungen mit den Wirkungsmomenten von Körper und Raum, d. h. mit der Allansichtigkeit, dem Ausdruck von Statik und Dynamik und mit den Empfindungen, die auf dem Gleichgewichtssinn beruhen.

Ihre Kleinplastiken haben dabei einfache Formen, die sich stereometrischen Grundkörpern nähern. In der Schule werden diese ersten Fähigkeiten und Fertigkeiten plastischen Gestaltens weiter ausgebildet. Zu Beginn überwiegen einfache Körperformen. Von Anfang an ist dabei auf eine sorgsame Verbindung der Einzelteile mit Tonschlicker zu achten. Später erlernen die Kinder den konstruktiven Vollaufbau und den Hohlaufbau (s. Aufgabe S.60).

Das plastische Arbeiten mit Ton lehrt, sich um einen klaren Ausdruck zu bemühen. Was heißen kann, Einzelheiten wegzulassen, um das Bedeutsame hervorzuheben. Tonerde regt nicht nur die Sinne zum Gestalten an, sondern sensibilisiert auch für diese Forderungen bildnerischen Gestaltens. Es lässt erstaunliche Einblicke in stoffliche Veränderungen zu. Ein Erdklumpen, ein feldspathaltiges Verwitterungsprodukt, verändert fast unerschöpflich mit Hilfe der tastenden Hand seine Form. Dem Brennofen entnimmt man ein farblich verändertes Produkt mit neuen Eigenschaften. Insgesamt wird eine Metamorphose anschaulich und erlebbar.

Spiel mit Kugeln – mein Kätzchen

◆ **Worum geht es?** Die Kinder sollen zu ersten bewussten Erfahrungen beim figürlich-plastischen Gestalten geführt werden. Da sie eine zum Teil innige

und natürliche Beziehung zu Tieren haben, könnte ein Tier zum Thema werden, zum Beispiel die Katze. Eine ruhende Katze mit ihrem weichen gerundeten Körper und dem ausdrucksstarken Kopf lässt sich als plastische Form betrachten. Vor allem dann, wenn sie sich zum Schlafen einrollt, ähnelt ihr Körper einer abgeplatteten Kugel. Auch der Kopf, der in dem weichen Fell ruht, ohne dass der Hals sichtbar wird, lässt sich mit der Kugel vergleichen. So können wir für die kleine Tierplastik Kopf und Körper aus dem stereometrischen Grundkörper der Kugel entwickeln. Das Formen von Kugeln kann in spielerischer Weise fortgesetzt werden.

Das Kätzchen besteht also aus zwei Teilen, dem größeren Körper und dem kleineren Kopf; weitere plastische Teile bilden die Pfoten und der Schwanz, die aus kleinen Kugeln gedrückt und gerollt werden können und der weiteren Ausgestaltung einen Spielraum geben. Schließlich ist noch die Ausformung

Mein Kätzchen

des Kopfes zu bedenken, denn Katzen haben „sprechende" Gesichter. Durch Aufsetzen von Ohren, Nase und Augen lässt sich der Gesichtsausdruck erreichen und variieren.

Die Aufgabe knüpft an die ersten Erfahrungen mit dem Formen von Kugeln an; sie kann also voraussetzen, dass die Vorstellungen „größer als", „gleich" sowie „kleiner als" bekannt und gefestigt sind. Die Kinder haben auch bereits erlebt, dass feuchte Tonkugeln sich durch Druck verformen lassen.

Was zu beachten ist: Die Schilderung eines Erlebnisses mit einer Katze als emotionaler Einstieg kann für die Kinder Anregung und Ausgang dafür sein, sich eigener Erlebnisse zu erinnern. Das Interesse der Kinder wird auf die Körperform und auf Ruhehaltungen von Katzen gelenkt. Dabei arbeiten die Kinder vor allem heraus, dass die bevorzugte eingerollte Schlafhaltung der Katze vergleichbar ist mit einer großen abgeplatteten Kugel. Das kann an der Tafel dargestellt oder auf Fotos betrachtet werden.

Wie sie es beim Formen von Ton kennen, entnehmen sich die Kinder vom Hubel ein Stück Ton. Sie formen nach individuellem Empfinden mehrere unterschiedlich große Kugeln. Als Anhaltspunkt für die größte Kugel könnte etwa die Größe eines Tischtennisballes gelten. Diese Kugel wird mit kurzem, kräftigem Wurf auf der Unterlage (Stoff) platziert – der Körper ist geformt.

Die weiteren Arbeitsschritte werden besprochen und Fragen zur Darstellung der übrigen Teile geklärt. Es wird mit den Kindern besprochen, wie der Kopf am besten am Körper ruht. Dazu kann der Daumen eine kleine Vertiefung drücken. In sie wird eine zweite kleinere Kugel als Kopf gesetzt. Für das Dar-

stellen der Pfötchen können zwei kleine Kugeln abgeplattet und mit einem Kantholz die Zehen markiert werden. Alle Teile werden mit Schlicker am Körper angedrückt (siehe auch S. 60). Aus weiterer Kugeln entstehen durch Formveränderung zu Walze und Kegel Schwanz und Ohren. Dabei sollte der Schwanz möglichst an den Körper gelegt werden bzw. nicht allzu weit herausragen, damit er nicht abbricht.

Eine gemeinsame Betrachtung der Augen, wie sie im Kopf sitzen, lässt die Kinder erfahren, dass es eine Augenhöhle gibt, in welcher der Augapfel liegt. Ähnlich wie beim Kopf, kann die Augenhöhle eingedrückt und ein Augapfel (Kugel) hineingelegt werden. Für Nase und Maul finden die Kinder eigene Lösungen. In einer abschließenden Besprechung stellt jedes Kind sein Kätzchen vor.

Nach dem Trocknen werden die Kätzchen geschrüht und können anschließend mit einer weißen Glasur übergossen werden.

Ergebnis: Die Schüler haben in dieser Doppelstunde die Formveränderungen aus der Kugel und ihre Wirkung auf ein Gesamtergebnis erleben können. Sie haben erfahren, dass ihre Kätzchen sich trotz der Begrenzung auf wenige Formen unterscheiden und einen individuellen Ausdruck, der sich beschreiben lässt, zeigen. Sie haben gelernt, Teile durch Schlicker miteinander zu verbinden. Damit haben sie auch einen neuen Begriff gelernt: Schlicker, auf den man sich wie auf einen guten Klebstoff verlassen kann.

Zusätzliche Arbeitsmittel: verschiedene angespitzte Holzstäbchen; ein Kantholz, das kann ein Bauklotz sein; ein Hubel Drehton; Schlicker von der gleichen Tonsorte.
Aufgewendete Unterrichtszeit: 1 Doppelstunde

Mensch und Tier

◆ **Worum geht es?** Der Körperaufbau von Mensch und Tier, die Form des Rumpfes und des Kopfes können als einfache Volumen betrachtet werden, als auf Kugel und Zylinder reduzierte Grundformen. Diese „archaische" Sicht hilft Kindern, zu plastischem Ausdruck zu gelangen. So entsteht aus der Kugel gerollt ein zylindrischer oder ein rübenförmiger Körper, auf den gut geschlickert eine Kugel, eventuell eiförmig abgewandelt, aufgesetzt wird. Durch Drücken mit einem Kantholz oder Baustein können Arme und Beine markiert werden.

Methodische Reihe: Kätzchen

Reitergruppe, Klassenstufe 3

Reiter, Klassenstufe 3

Mutter und Kind, Klassenstufe 3

Wie an den Beispielen der Reiter dargestellt, können aber auch die Beine durch Teilung der unteren Hälfte des zylindrischen Körpers gewonnen und in ihre er-forderliche Haltung gedrückt werden. Denkbar ist aber auch, zwei gleich große Kugeln rübenförmig auszuformen und diese beiden Teile so miteinander

Pferd, Klassenstufe 3

Mein Lieblingstier und ich

Sitzendes Mädchen, Klassenstufe 2

zu verbinden, dass ein Körper und die Beine entstehen. Wesentlich ist dabei, dass die Kinder die bewegungstypischen Haltungen z. B. beim Reiten erfassen. So wäre es denkbar, dass Bewegungen nachgestellt werden, welche die Haltung des Körpers verdeutlichen, die seine Bewegung nacherleben und erfühlen lassen. Darüber hinaus ist es wichtig, zu erkennen, dass kompakte Formen Festigkeit und Stabilität bringen und dass frei stehende Formen möglichst wieder eine feste Verbindung eingehen, weil sonst die Gefahr des Abbrechens besteht.

Um die Standfestigkeit zu sichern, sollte mit den Kindern gemeinsam nach Möglichkeiten gesucht werden. Sie erkennen dabei, dass eine größere Fläche für besseren Halt sorgen kann. Dies könnte eine den Boden darstellende Platte sein, die aus einer Kugel mit dem Handballen gedrückt wird. Auf ihr wird die kleine Figurengruppe, gut geschlickert, angedrückt. Nach dem Trocknen und Schrühen können die Figuren in eine Resteglasur getaucht oder mit ihr übergossen werden.

◼ Ergebnis: Das oben geschilderte Vorgehen wurde in verschiedenen Klassenstufen ausprobiert. Die abgebildeten Arbeiten zeigen daraus verschieden differenzierte Ergebnisse. Das dargestellte Pferd wirkt durch seine Geschlossenheit und Ruhe, während die Reiter die Bewegung zum Thema machen. Insgesamt ist ein Fortschreiten zu differenziertem bildnerischen Ausdruck erkennbar.

Der Froschkönig

◆ **Worum geht es?** Die Kinder haben gelernt, aus Kugeln Schalen zu formen. Aus zwei, etwa gleich groß geformten Schalen ergeben sich eine Vielzahl von Möglichkeiten einer Bestimmung. Dazu erhalten die Kinder Gelegenheit, sich mit ihnen intensiv zu befassen und zu individuellen Lösungen zu gelangen, die Schälchen in Beziehung zueinander zu bringen. Zum Entdecken von Formen kann aber auch, wie hier, die Geschichte vom Froschkönig anregen, der als Fabeltier Gestalt erhält. So werden die Kinder danach ihre Schalen, zunächst ohne sie zu schlickern, übereinander setzen und die fehlende Standsicherheit bemerken. Im gemeinsamen Gespräch wird nach einer Lösung für eine gute Standfläche des kugelförmigen Kopfes gesucht und Vorschläge der Kinder werden aufgegriffen und ausprobiert. Eine Lösung ergab einen ringförmig gelegten Wulst, auf dem der Kopf ruhen konnte.

Für das Aufsetzen der Augen ist es günstig, die Kinder die Wirkung des Augenpaares durch unterschiedliches Setzen am Kopf erleben zu lassen. So erkennen sie neugierige, hochmütige, fröhliche oder traurige Augen, die durch höheres oder tieferes Ansetzen am Kopf – näher zueinander oder entfernt – erzielt werden können. Das Formen der kleinen Kronen wurde den Kindern demonstriert: Eine Kugel wird zum Tropfen geformt, mit dem Schneidedraht oben in vier Teile getrennt. Eine weitere, kleine Kugel wird in die leicht nach außen gespreizten Einschnitte gedrückt. Wenn die Kinder die Idee haben, ihrem Frosch eine Kugel in das geöffnete Maul zu stecken, zeigt das auch ihre Freude am eigenständigen Umsetzen einer Aufgabe, die hier mehr augenzwinkernd den Spaß am Karikieren aufzeigen soll. Wie zuvor beschrieben, sollte auch bei dieser Aufgabe auf sorgfältiges Schlickern verwiesen werden. Abschließend können alle Kinder ihren Froschkönig vorstellen, über ihn sprechen.

Technischer Hinweis: Nach dem Trocknen werden die Tonfrösche bei 900 °C geschrüht. Das Übergießen mit einer grünen Glasur oder das Tauchen darin erfordert einen anschließenden Glattbrand bei ca. 1050 °C.
Wenn die Kinder ihre Arbeiten zurückerhalten, könnten die Frösche in kleinen Gruppen zusammengestellt und betrachtet werden.
Bestimmt kommen den Kindern Ideen, rund um das Märchen weitere Dinge zu formen.

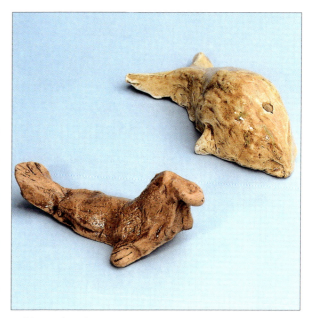

Robbe und Wal

eine Erkenntnis am Rande. Die Anpassung der Tiere an die unwirtlichen klimatischen Bedingungen und das Leben im Wasser haben Körperformen hervorgebracht, die für die Nachgestaltung in Ton bestens geeignet sind.

Die Voraussetzungen für diese Aufgabe sind gegeben: ein selbstständiger Umgang mit den Werkzeugen, Erfahrung im Formen und Verformen von Grundkörpern wie Kugel, Walze und Kegel, und im Ausformen von Kugel und Halbkugel zu Schalen,

Tiere am Eisloch

◆ **Worum geht es?** Die Erkenntnis, dass Formen aus Ton kompakt sein müssen, setzt sich nur schwer durch, denn der Ton erlaubt den Kindern fast alles. Darum sollten für den Unterricht Gegenstände gewählt werden, die als geschlossene Formen erscheinen und eine Umsetzung nahelegen, die dem entspricht, was der Bildhauer Theo Balden für die Plastik fordert: „Installiere das jeweilige Material in deine Absichten, überwinde es nicht, nutze es!"

Die Idee, Tierformen der Arktis zu wählen, entstand im Sachunterricht. Einzelne Kinder berichteten, z.T. aus eigenem Erleben und von Bild- und Textberichten aus ihren Tierzeitschriften, vom weltweiten Bemühen um Schutz der Babys von Kegelrobben und der Wale. Sofort entstand eine emotionale Bindung. Die Kinder wollten mehr über diese Tiere erfahren. Warum der Eisbär keinen Pinguin fressen kann, war

Pinguin

59

Tiere am Eisloch

die Bekanntheit mit der Umgestaltung dieser Formen zu figürlichen Kleinplastiken, die eine Kenntnis der dazu nötigen additiven Verfahren einschließt.

❗ Was zu beachten ist: Nach der Betrachtung geeigneter Tierdarstellungen wird das Typische der Körperform eines bestimmten Tieres (in unserem Beispiel des Pinguins) zeichnerisch erfasst. Um eine geschlossene Binnenform zu erzielen, soll die Figur aus einem Stück (ohne additive Ansätze) entstehen.

Zunächst formt jedes Kind ein faustgroßes Stück Ton zur Kugel. Es ist nun leicht zu erkennen, dass man der Kugelform in einem ersten Schritt eine Ausrichtung geben muss, um sich der Form des Pinguins zu nähern. Da der Pinguin kaum einen Hals zeigt, finden die Kinder von ihr aus problemlos zu Kopf und Schnabelform. Sie entstehen beispielsweise, indem man in einem zweiten Schritt die modellierte Form zu einer Spitze verjüngt und anschließend um mehr als 90 °C krümmt. Die verbliebene Kugelform staucht man auf der Ablage zu einer Standfläche. Mit Daumen und Zeigefinger werden breite Füße aus dem

Tonstück gedrückt und in gleicher Weise Flügel angedeutet oder auch nur mit einem Holzklötzchen eingedrückt. Ein kleiner spitzer Schwanzansatz wäre denkbar, aber auf weitere Einzelheiten sollte man verzichten. Nach dem Schrühbrand könnte mit einer dunklen Glanzglasur eine sparsame farbige Gestaltung erfolgen. Für eine Vollplastik, die erfolgreich den Brennprozess überstehen soll, darf die Tondicke nicht mehr als ca. 3 cm betragen.

Tiere wie der Wal, die Robbe, der Seelöwe oder der Eisbär haben, wenn man sie in einen Vergleich mit dem Pinguin setzen will, ein größeres Körpervolumen und müssen als Hohlfiguren entstehen. Mehrere Arbeitsverfahren wären denkbar.

So könnte man diese Tiere als Vollplastik modellieren. Die Form wird mit dem Schneidedraht halbiert und mit einem Messer oder einer Schlinge so weit ausgehöhlt, dass eine Wandstärke von ca. 5 mm verbleibt. Anschließend werden beide Hälften sorgfältig aneinander geschlickert und die Nahtstellen geglättet. In jedem Fall ist ein kleines Loch einzustechen, welches das Sprengen des Körpers durch die Luftaus-

60

dehnung im Inneren während des Brennprozesses verhindert.

Man kann auch ein faustgroßes Stück Knüllpapier mit einer Tonplatte umschließen und daraus das Tier formen. Auch hier darf das Luftloch nicht fehlen. Das Knüllpapier verbrennt beim Schrühbrand und hinterlässt einen Hohlraum. Größere figürliche Tonplastiken werden in der Regel ähnlich wie Gefäße Schicht für Schicht hohl aufgebaut. Zur Verbesserung der Stabilität setzt man im Inneren Tonverstrebungen ein, die mit der Außenform wachsen. Diese Technik kommt nur in Ausnahmen für die Grundschule in Frage. Das Erlebnis „Körper" wird für das Grundschulkind mit einer Kleinplastik in handgerechter Größe in stärkerem Maße wahrnehmbar.

Gleich den Robben, Walen oder Pinguinen, die in großen Kolonien gemeinschaftlich leben, oder gleich der Eisbärmutter mit ihren Jungen sollten die einzelnen Tonfiguren wieder zusammengebracht werden.

Die Kombination aus den gebrannten Tontieren und einer nachgebildeten Eislandschaft wird zu einem Environment vereint. Obwohl nur eine Tierart modelliert wird, findet jedes Kind eine ganz individuelle Form. Die Vielfalt wird sichtbar.

Ergebnis: Die Kinder finden schrittweise zu einem bildnerischen Ausdruck, der sehr persönlich geprägt ist. Die geschlossene Binnenform, weg vom additiven Verfahren, setzt sich zunehmend durch. Auf Details wird zugunsten der Großform verzichtet. Die Entscheidung für eine Vollplastik oder eine Hohlfigur kann zunehmend sicher getroffen werden.

Zusätzliche Arbeitsmittel: leicht schamottierter, weiß aufbrennender Ton; dunkle Glanzglasur; Messer oder Tonschlinge; Trinkröhrchen zum Lochen; kleine Kanthölzer.

Sachwortverzeichnis

Adhäsion, Zusammenhangskräfte der Teilchen verschiedener Stoffe (Ton und Wasser)

Brennhilfsmittel, Stützen und Einlegeplatten zum Etagenbau im Ofen, Dreikantunterlagen für zu glasierende Gegenstände

Bildsamkeit, zu unterscheiden sind magere, halbfette und fette Tone; in der Reihenfolge Verringerung des Anteils an Schichtsilikaten und des Quarzgehalts

Engobe, aus dem Französischen; bedeutet Beguss eines Tongegenstandes mit andersfarbig aufgeschlämmter Tonmasse; Mischung aus Ton (weißes Tonmehl), Wasser, färbenden Rohstoffen (Metalloxide, Farbkörper)

Engobieren, Übergießen des lederharten Gegenstandes mit Engobe; auch Tauchen oder Bemalen möglich

Environment, Kunstform, die eine räumliche Situation durch Anordnung verschiedener Objekte und Materialien herstellt (s. S. 61)

Eruptivgestein, Ergussgestein (Geol.), (s. S. 8)

Fayence, aus dem Französischen; mit Zinnglasur bemalte Irdenware, Majolika bezeichnet technisch dasselbe; von Mallorca, dem Haupthandelsplatz der spanischen (maurischen) Fayenceerzeugung abgeleitet; heute verwendet für die italienische zinnglasierte Töpferware. Werkstücke aus feingeschlämmten Tonsorten werden an der Luft getrocknet, in Öfen bei 800 bis 900 °C verfestigt, ins Glasurbad getaucht und noch feucht mit Scharffeuerfarben (auch Muffelfarben) bemalt; zweiter Brand bis etwa 1100 °C (siehe S.12)

Flussmittel, Stoffe, die das Dichtbrennen von keram. Massen erleichtern, die Schmelztemperaturen von Glasuren senken und das Schmelzen von Glasgemengen fördern

Fritte, bereits erschmolzenes Glasmehl (siehe Anm. S. 22)

Fritten, Glasschmelzprozess, bei dem eine pulverförmige Mischung bis zum losen Aneinanderhaften der Teilchen erhitzt wird

Gips ist ein wichtiger Hilfswerkstoff für die keramische Arbeit. Er wird als Gestein [Ca [SO$_4$] • 2H$_2$O] abgebaut. Er ist hydrophil, d. h., er entzieht wasserhaltigen Stoffen das Wasser wie beispielsweise dem Ton, auch der Luft, weshalb frischgebrannter Gips nicht lange lagern sollte. Für technische Zwecke wird er gebrannt, so dass er sein gebundenes Wasser verliert. Als Gipspulver lässt er sich mit Wasser mischen, in Formen gießen und zu einem festen Körper abbinden. Gipsplatten eignen sich gut zum Trocknen von Tonplatten und zum Abstellen feuchter Tonarbeiten (s. dazu S. 26). Gips darf jedoch nicht in die Tonmasse gelangen, weil er im Brand das dem Ton entzogene Wasser explosionsartig abgeben und die Tonware zerstören würde.

Glasur, glasiger Überzug auf keramischen Gegenständen; enthält Quarz als Glasbildner, Metalloxide als Flussmittel und färbende Substanzen, Ton als Trägersubstanz

Glasieren, Aufbringen der Glasur auf entstaubtem, hart getrocknetem, in der Regel geschrühtem Gegenstand durch Übergiessen, Tauchen, Besprühen, Spritzen, Streichen

Glattbrand/Glasurbrand, Brennphase über 900 °C, die schmelzenden Anteile in der Masse umschließen die schwer schmelzenden Teilchen, der Scherben verdichtet und verfestigt sich (Sinterung), Glasuren schmelzen auf

Große Mutter (Kybele), mittelmeer. Göttin, Spenderin von Leben und Fruchtbarkeit, daher auch als „Große Mutter" („Magna Mater", „Idäische Mutter") der Natur, der Götter, Menschen und Tiere verehrt (siehe S.12)

Kannelieren, [sumer.-babylon.-lat.-franz.]: auskehlen, riefeln (eine Säule) mit senkrechten Rillen verzieren (siehe S. 20)

Kaolin, [chin.-franz.] (Porzellanerde), feinerdiges Tongestein, durch Verwitterung silikat. Gesteine entstanden (siehe S. 8)

Keramik, Herstellungstechnik von Tonwaren; Töpferkunst; Sammelbegriff für geformte, gebrannte, poröse oder glasierte Tonerde, durch Sintern bei Temperaturen über 600 °C verfestigt, alle Erzeugnisse mit mehr als 20% Ton (bzw. Kaolin) im Versatz

Klinker, hellbraune bis schwarze Hartziegel, bei 1100 °C bis 1400 °C glasartig gebrannt (siehe S.13)

Lederhart, Phase im Trockenprozess: Zustand zwischen bildsam weich und lufttrocken, etwa in Mitte des Trockenvorganges

Mauken, Lagern des Tones nach der Aufbereitung (siehe S. 16)

Meco-Schere, Schere mit kurzen, gekrümmten Schneiden zum Trennen stärkerer Materialien, wie Pappe oder Kunststoff (siehe S. 50)

Oxydation, die Reaktion chemischer Elemente oder Verbindungen mit Sauerstoff, z. B. beim Verbrennen (siehe S.11)

Plastisch, bildsam, verformbar, körperlich geformt

Plastizität, Formbarkeit, Bildsamkeit

Porös, durchlässig

Reduktion, der der Oxydation entgegengerichtete Vorgang, bei dem ein chemisches Element oder eine Verbindung Elektronen aufnimmt die von einer anderen Substanz (dem Reduktionsmittel, das damit oxydiert wird) abgegeben werden (siehe S.11)

Rohkaolin, ein noch am Ort der Entstehung liegendes, natürliches, weißes Zersetzungsprodukt; das Aufbereitungsprodukt bezeichnet man als Kaolin – chin. Kao ling = Hügel; Hauptrohstoff für Porzellanherstellung

Schamotte, scharfgebrannter, feuerfester Ton, wird auch zum Magern von Ton verwendet

Scherben, in der Keramik Bezeichnung für gebrannten Ton

Schlicker, mit größerer Wassermenge (60 bis 80%) aufgeschlämmter Ton; beim Arbeiten auf die gleiche Tonsorte achten

Schneidedraht, dient zum Abtrennen von Ton, auch des auf der Ränderscheibe aufgebauten Formlings

Schrühbrand, erster Brand des getrockneten Formlings, meist 900 °C

Schwindung, Volumenverminderung eines keramischen Rohlings beim Trocknen und Brennen; linear messbar, eine in ein Tonplättchen geritzte Linie von 10 cm Länge zeigt nach dem Trocknen und erneut nach dem Brand eine Verkürzung an, die prozentual ausgedrückt wird, beispielsweise nach dem Brand: 1cm = 10% Schwindung

Sediment, nicht verfestigte Ablagerung (siehe S.8 und S.15)

Sinterung, Verdichtung und Verfestigung des geformten Rohlings beim Brand unter Herabsetzung der Porosität bei völliger Verglasung

Trockenbiegefestigkeit, Widerstandsfähigkeit getrockneter Formlinge gegen äußere Kräfte

In der Reihe WERKEN erscheint als nächster Band:

Günther Kälberer / Hilleke Hüttenmeister

BAUEN, KONSTRUIEREN, MONTIEREN

Das Buch enthält auf 96 Seiten über 30 Unterrichtsbeispiele aus den Bereichen Bau und Raum, Maschinen und Mechanismen, Fahrzeuge und Schwachstrom. Es greift damit sowohl zentrale Arbeitsgebiete des Werkens als auch Inhalte des Faches Sachunterricht in den verschiedenen Bundesländern auf.

Die jeweiligen Aufgaben entstammen dem aktuellen Unterricht. Sie werden durch Sachhinweise erläutert, didaktisch und methodisch aufbereitet und in zahlreichen Farbabbildungen und Zeichnungen vorgestellt. Ziel ist, die Kinder durch praktische Arbeit und Spiel zu tätiger Auseinandersetzung mit konstruktiven und funktionalen Gesetzmäßigkeiten zu führen und ihnen Einblick in unsere durch die Technik geprägte Welt zu vermitteln. Die jeweiligen Phänomene werden dabei auf elementare Gegebenheiten zurückgeführt und schrittweise erarbeitet. Durch Beobachten und Ausprobieren werden Kinder angeregt, die Probleme wahrzunehmen und nach Lösungen zu suchen. Als Werkstoffe finden leicht zu bearbeitende, meist überall vorhandene Materialien Verwendung.